民國文存

103

北平廟宇碑刻目錄

張江裁 許道齡 編著

知識產權出版社

《北平廟宇碑刻目錄》介紹 20 世紀 30 年代北京保存的上起南北朝、下訖民國的 300 多座廟宇的碑刻的碑記名稱、額題、撰寫人、時間等基本情況，對個別存疑之處提出了簡要的考證意見，對於讀者了解當時北京的宗教活動情況及歷史沿革、民眾的信仰情況以及民俗等具有重要的史料價值。

本書適合對北京歷史和民俗等有興趣者及相關研究者閱讀使用。

責任編輯：劉　江　　　責任校對：谷　洋
封面設計：正典設計　　責任出版：劉譯文

圖書在版編目（CIP）數據

北平廟宇碑刻目錄/張江裁，許道齡編著 . —北京：知識產權出版社，2017.1
（民國文存）
ISBN 978-7-5130-4635-0

Ⅰ.①北…　Ⅱ.①張…②許…　Ⅲ.①寺廟—碑刻—北京—目錄　Ⅳ.①K877.421

中國版本圖書館 CIP 數據核字（2016）第 301544 號

北平廟宇碑刻目錄
Beiping Miaoyu Beike Mulu
張江裁　許道齡　編著

出版發行	知識產權出版社 有限責任公司		
社　　址：北京市海淀區西外太平莊 55 號		郵　　編：100081	
網　　址：http://www.ipph.cn		郵　　箱：bjb@cnipr.com	
發行電話：010-82000860 轉 8101/8102		傳　　真：010-82005070/82000893	
責編電話：010-82000860 轉 8344		責編郵箱：liujiang@cnipr.com	
印　　刷：保定市中畫美凱印刷有限公司		經　　銷：新華書店及相關銷售網站	
開　　本：720mm×960mm　1/16		印　　張：9.5	
版　　次：2017 年 1 月第一版		印　　次：2017 年 1 月第一次印刷	
字　　數：100 千字		定　　價：40.00 元	

ISBN 978-7-5130-4635-0

民國文存

（第一輯）

編輯委員會

出版前言

　　民國時期，社會動亂不息，內憂外患交加，但中國的學術界卻大放異彩，文人學者輩出，名著佳作迭現。在炮火連天的歲月，深受中國傳統文化浸潤的知識分子，承當著西方文化的衝擊，內心洋溢著對古今中外文化的熱愛，他們窮其一生，潛心研究，著書立說。歲月的流逝、現實的苦樂、深刻的思考、智慧的光芒均流淌於他們的字裡行間，也呈現於那些細緻翔實的圖表中。在書籍紛呈的今天，再次翻開他們的作品，我們仍能清晰地體悟到當年那些知識分子發自內心的真誠，以及其間所蘊藏著的對國家的憂慮、對知識的熱愛、對真理的追求、對人生幸福的嚮往。這些著作，可謂是中華歷史文化長河中的珍寶。

　　民國圖書，有不少在新中國成立前就經過了多次再版，備受時人稱道。許多觀點在近一百年後的今天，仍可說是真知灼見。眾作者在經、史、子、集諸方面的建樹成為中國學術研究的重要里程碑。蔡元培、章太炎、陳柱、呂思勉、錢基博等人的學術研究今天仍為學者們津津樂道；魯迅、周作人、沈從文、丁玲、梁遇春、李健吾等人的文學創作以及傅抱石、豐子愷、徐悲鴻、陳從周等人的藝術創想，無一不是首屈一指的大家名作。然而這些凝結著汗水與心血的作品，有的已經罹於戰火，有的僅存數本，成為圖書館裡備受愛護的珍本，或成為古玩市場裡待價而沽的商品，讀者很少有隨手翻閱的機會。

鑑此，為整理保存中華民族文化瑰寶，本社從民國書海裡，精心挑出了一批集學術性與可讀性於一體的作品予以整理出版，以饗讀者。這些書，包括政治、經濟、法律、教育、文學、史學、哲學、藝術、科普、傳記十類，綜之為"民國文存"。每一類，首選大家名作，尤其是對一些自新中國成立以后沒有再版的名家著作投入了大量精力進行整理。在版式方面有所權衡，基本採用化豎為橫、保持繁體的形式，標點符號則用現行規範予以替換，一者考慮了民國繁體文字可以呈現當時的語言文字風貌，二者顧及今人從左至右的閱讀習慣，以方便讀者翻閱，使這些書能真正走入大眾。然而，由於所選書籍品種較多，涉及的學科頗為廣泛，限於編者的力量，不免有所脫誤遺漏及不妥當之處，望讀者予以指正。

目　錄

xi

廟名檢查表

內　城

廟　名	地址	頁數*
二郎廟	東四牌樓南大街	1
千佛殿	白塔寺夾道	1
三教菴	秦老胡同	1
三教菴	金魚胡同	2
三義廟	芳嘉園	2
三義廟	西弓匠營	2
三清觀	宮門口橫四條	2
三官廟	西海北河沿	3
三聖祠	東單西觀音寺	3
三皇廟	洒茲府	3
土地廟	交道口	3
土地廟	葡萄園	3

---

* 本表所標頁數系民國原版書頁數，本次出版的頁數請見本書目錄。——編者註

外　城

凡　例

　　一，本書專就本會近年所拓北平內外城廟宇中現存碑碣文字整理編目，故名之曰《北平廟宇碑刻目録》。

　　二，本書為便於檢閱內城之廟宇屬諸內城，外城之廟宇屬諸外城，分內城篇、外城篇。

　　三，本書以廟名首字筆畫之多寡為前後之次序。

　　四，本書以廟為單位，廟名下詳註所在地點，便於檢查至。碑碣則以刻石年代先後編次之。

　　五，本書範圍僅限內外兩城，至四郊廟宇碑碣容當續編外録。

内　城

二郎廟東四牌樓南大街

清重建二郎神廟碑記

額題"萬古留芳"，石文桂撰，康熙三十五年（西元一六九六）
六月。陰額"共成勝果"，題名。

千佛殿白塔寺夾道

清北京千佛殿碑文

額題"佛國增輝"，乾隆年間（西元一七三六——一七九五）。

三教菴秦老胡同

清三教菴碑記

額題"萬法歸一"，張玄錫撰，順治八年（西元一六五一）四
月。碑陰"三教菴誌"。額題"永化堂跡　僧通茂識"，年月同上。
碑側題曹洞正宗偈及派代二十字。

清重修三教菴碑記

額題"萬古流芳"，馮世俊撰，康熙二年（西元一六六三）十月立。

三教菴金魚胡同

清重修三教菴碑

額題"萬古流芳"，康熙□□□年（西元一六六二——七二二）

□月立。

三義廟_{芳嘉園}

清重修三義廟記

額題"萬古流芳"順治五年（西元一六四八）。

清重修三義廟碑記

額題"三義廟碑"，張晉祺撰並書，咸豐八年（西元一八五八）二月。碑陰額"川流不息"，題名。

三義廟_{西弓匠營}

明三義廟殘碑

題額"三義廟記"，字跡殘剝，年月不辨。考碑陰多題某監太監之名，當是明碑。碑陰額"萬古流芳"，題名。

清重修三義廟碑記

額題"三義廟記"，汪繹撰，康熙四十一年（西元一七〇二）七月立。碑陰額"萬古流芳"，題名。

清修廣三義碑碣

額題"三義廟記"，乾隆十年（西元一七四五）三月立石。碑陰額"萬古流芳"，題名。

三清觀_{宮門口橫四條}

清關聖帝君碑

額題"萬古流芳"，程景暉撰，汪增書，道光五年（西元一八二五）三月立。

清三清觀殘碑

額題"萬古流芳"，年月殘剝。碑陰額亦殘，有禮親王及宗室等題名。

三官廟<small>西海北河沿</small>

三官廟碑

額題"萬古長春"，劉延年書并篆額，民國十三年（西元一九二四）正月。

三聖祠<small>東單西觀音寺</small>

三聖祠創修碑

額題"萬古流芳"。

三皇廟<small>酒醋府</small>

清重修福田寺碑記

額題"萬善同歸"，松璟撰并書，同治九年（西元一八七〇）十月。碑陰額"萬古流芳"，題名。

土地廟<small>交道口</small>

清增修安定門內交道口土地廟碑

額題"山河並壽"，王文錦撰並書，光緒四年（西元一八七八）五月立。碑陰額"萬古流芳"，題名。

土地廟<small>葡萄園</small>

清土地廟重修碑

額題"永垂千古"，光緒二十八年（西元一九〇二）八月立。碑陰額"萬古流芳"，題名。

土地廟<small>在宛平縣署內</small>

清宛署左塾內土穀祠碑

額題"萬古維新"，乾隆三十九年（西元一七七四）十一月立，碑陰額題"宛平縣定役裁費刻石記"，洪聲遠撰，萬曆壬寅歲（三十年，西元一六〇二）仲夏朔立。

明禁革雜差碑記

崇禎八年（西元一六三五）六月立。碑陰"重修土穀祠記"，額題"繼往開來"，清乾隆二十九年（西元一七六四）十二月立。

土地廟 安定門內北兵馬司

清重修土地廟碑

額題"重修土地廟碑"，王之佐書，咸豐七年（西元一八五七）三月立。

大慶壽寺 西長安街

元大蒙古燕京大慶壽寺西堂海雲大禪師碑

額題"大慶壽寺西堂海雲大禪師碑"，王萬慶撰，碑末有"乙卯年九月望日字"。考海雲禪師為元憲宗時人，憲宗五年即乙卯年（即宋寶祐三年，西元一二五五），碑當為其時所立。元朝紀元，自世祖始，憲宗尚無年號，故僅以甲子紀年。

大覺寺 北藥王廟胡同

清重建關帝廟碑記

額題"關帝碑記"，洪承疇撰，順治八年（西元一六五一）十月。碑陰額"萬古流芳"題名。

清重建藥王廟碑記

額題"藥王碑記"，洪承疇撰，順治八年（西元一六五一）十月。碑陰額"萬古流芳"題名。

清新建藥王廟前廊廡引

額題"懸燈勝會"，康熙五十八年（西元一七一九）九月。碑陰額"萬古流芳"，題名。

清藥王傳膳聖會碑記

額題"傳膳聖會"，陳鴻寶撰，李元德書，乾隆十七年（西元一七五二）四月。碑陰額"萬古流芳"，題名。碑側，題名。

清傳膳放生碑

額題"傳膳放生"，乾隆二十一年（西元一七五六）冬月。碑陰額"源留聖會"，題名。

清香燈聖會碑

額題"香燈聖會"，乾隆二十二年（西元一七五七）四月，碑陰額"萬古流芳"，題名。

清公議傳膳音樂聖會碣文

額題"公議傳膳音樂聖會"，乾隆三十二年（西元一七六七）四月。碑陰額"萬古流芳"，題名。

清藥王聖前公議傳膳老會碑記

額題"膳老會"，于敏中撰，侯朝棟書，乾隆四十四年（西元一七七九）四月立。碑陰額"萬古流芳"，題名。

清魯班碑記

額題"魯班碑記"，乾隆五十七年（西元一七九二）七月立。碑陰額"永垂不朽"，題名。

清永護聖會碑記

額題"永護聖會"，乾隆五十九年（西元一七九四）四月。

清藥王殿同心獻燈聖會文引

額題"同心獻燈"，景德撰，施奕學書，嘉慶十五年（西元一八一〇）四月。碑陰額"萬古流芳"，題名。

清魯祖聖會碑

額題"魯祖聖會"，同治十一年（西元一六五四）六月立。碑陰額“萬古流芳”，題名。

大佛寺 西大街

清皇京重建大佛寺碑銘

額題“大佛寺記”，梁燿樞撰並書，英煦篆額，光緒十一年（西元一八八五）七月立石。碑陰額“衆善奉行”，題名。

清大佛寺公建善會記

額題“集善粥廠”，梁燿樞撰並書，英煦篆額，光緒十一年（西元一八八五）七月立石。碑陰額“共成義舉”，題名。

小護國寺 北溝沿

清涿州聖會碑記

額題“涿州老會”，王道化撰並書，康熙二十八年（西元一六八九）三月立。碑陰，側皆題名。

清重建護國寺碑記

如山撰，尹啟秀書，同治五年（西元一八六六）四月立。碑陰題四大字。

火神廟 臥佛寺街

清西城火神廟碑

額題“帝道遐昌”，王永譽撰，康熙三十四年（西元一六九五）六月立石。碑陰額“萬古流芳”，題名。

清火神廟題名碑

一面額題“皇圖永固”，一面額題“三聖垂恩”，字多半漫滅，只有少數題名可辨，末存“大清康”三字及“本寺住持僧照禪修”數字，應為康熙時碑。

火神廟國子監

清火神廟碑

額題"因果不昧"，瑚光撰，嘉慶七年（西元一八〇二）十一月立。碑陰額"萬古流芳"，題名。

清重修火神廟碑記

額題"為善最樂"，道光十七年（西元一八三七）五月。碑陰額"萬古流芳"，題名。

火神廟頭條胡同

清車行會眾碑

額題"萬古流芳"，王尚斌撰，乾隆五十四年（西元一七八九）十一月立。

清軒轅聖會碑

額題"萬古流芳"，宋乾一撰，嘉慶九年（西元一八〇四）七月。碑陰額"軒轅聖會"，題名。

清重修火神廟碑記

額題"萬古流芳"，李文翰撰，嘉慶九年（西元一八〇四）八月立。碑陰額"重修碑記"，題名。

火神廟火神廟胡同

清重修火神廟碑記

額題"萬古流芳"，尤珍撰，康熙三十年（西元一六九一）四月立。碑陰題名。

火神廟景山後大街

明建立三聖神祠碑記

額題"三聖神祠"，萬曆二十九年（西元一六〇一）十一月立。

碑陰額"萬古流芳"，題名。

清重修三聖祠記

額題"重修三聖祠碑"，乾隆二十二年（西元一七五七）八月立。碑陰額"垂之永久"，題名。

清重華宮修火神廟碑

額題"萬古流芳"。碑陰題名，光緒三十三年（西元一九〇七）四月立。

火祖廟_{兵部窪}

清重修火祖廟碑

額題"重修碑記"，祝世胤撰，范廷元書，劉正宗篆額，順治十四年（西元一六五七）五月立。

文昌祠_{府學胡同}

清文昌帝君陰騭文

洪德元書，王琰識，雍正三年（西元一七二五）十一月。

重建文昌帝君祠記

額題"重建文昌帝君祠記"，楊四知撰，湯煥書。碑陰捐俸助修祠工名氏。

文昌閣_{文昌閣胡同}

清文昌閣石額

嘉慶八年（西元一八〇三）二月立。

文昌梓潼廟_{地安門外帽兒胡同}

明皇帝勅諭碑

額題"勅諭"二字，化成❶十三年（西元一四七七）二月。

---

❶ 當為明憲宗年號成化。——編者註

清重修地安門外文昌帝君廟落成敬紀詩

額題"御製"，嘉慶六年（西元一八〇一）五月，詩刻下輪旨❶一道，禮部等衙門議奏一道，趙秉沖奉勅書。碑陰"勅建文昌帝君廟碑記"，朱珪奉勅撰，黃鉞書。碑側，董誥籌七人恭和詩刻。

清重刻明御製護國文昌帝君廟舊碑

額題"重刻明成化勅建文昌廟碑文"，朱珪跋，劉墉書，嘉慶六年（西元一八〇一）六月。碑陰，題捐資人銜名。

清觀音像

嘉慶六年（西元一八〇一）十月摹，南豐弟子趙由建奉。

清內務府奏請給予住持僧人錢糧

趙世駿書，宣統元年（西元一九〇九）十一月立石。

文殊院　護國寺東廊下

清勅賜重修文殊院碑

額題"勅賜重修"，鄭嶍撰並書，康熙六十一年（西元一七二二）九月。

文殊菴　柴棒胡同

重修文殊菴題名碑

額題"萬古流芳"，民國十二年（西元一九二三）七月立。

太平菴　什剎海東錢串胡同

清重修天仙太平菴記

額題"皇圖永固"，曹曰瑛❷撰並書，康熙四十二年（西元一七〇三）正月立。碑陰額"萬古流芳"，題名。

---

❶　"輪旨"疑"諭旨"或"聖旨"。——編者註
❷　當為"曹日瑛"，於康熙間任翰林院侍詔，書法家。——編者註

太平菴西水關

明重修太平菴碑記

額題"重修太平菴記"，楊方盛撰，崇禎七年（西元一六三四）立。

太清宮泡子河

明泡子河開創太清宮碑

額題"開創太清宮碑"，蔣允儀書，顧起元撰，駱思恭篆額，萬曆四十一年（西元一六一三）三月立石。碑陰題名。

天后宮馬大人胡同

清天后宮碑記

額題"聖后靈感"，福康安撰，乾隆五十三年（西元一七八八）三月。

天仙菴闢才胡同

清重修天仙菴碑記

額題"重修天仙廟記"，順治十四年（西元一六五七）五月立。碑陰額"萬古流芳"，題名。

天祐重興寺德勝門內花枝胡同

清重修漢前將軍漢壽亭侯廟碑文

額題"神威普護"，張玉書撰並書，康熙十九年（西元一六八〇）四月立石。碑陰額"德惠遐邇"，題名。

五聖廟新街口北大街

清重修五聖廟序

額題"為善最樂"，乾隆十八年（西元一七五三）八月立。碑陰額"萬古流芳"，題名。

清重修娘娘殿碑記

額題"為善最樂"，乾隆二十四年（西元一七五九）□月立。碑陰額"萬古流芳"，題名。

清五聖廟碑記

額題"萬古清寧"，乾隆三十九年（西元一七七四）六月立。碑陰額"永遠流芳"，題名。

清重修五聖廟記

額題"萬善同歸"，乾隆五十九年（西元一七九四）十月立。碑陰額"萬古流芳"，題名。

清五聖祠重修碑

額題"萬古流芳"，道光元年（西元一八二一）六月立。碑陰額"萬福攸同"，題名。

什剎海寺段家胡同

古剎什剎海匾額

什剎海殘碑

額題"重修碑記"。陰陰額❶"萬古流芳"，題名。

什剎海題名碑

額題"永遺芳躅"。

正覺寺八條胡同

正覺寺殘碑

額題"萬古流芳"，又額題名碑記。

---

❶ "陰陰額"疑為"碑陰額"或"陰額"。——編者註

正覺寺_{寶禪寺街}

正覺寺明勅諭碑

額題"皇明勅諭",弘治十四年(西元一五〇一)三月。

明勅賜正法寺褒善祠記

額題"勅賜正法寺褒善祠記",撰、書、篆額人名磨滅,弘治十四年(西元一五〇一)六月立。

正覺寺_{正覺寺街}

明勅賜正覺禪寺碑記

額題"勅賜正覺禪寺",陳鑑撰,趙輔書,曹英篆額,成化四年(西元一四六八)十一月立石。碑陰殘字。

明勅賜正覺寺每歲啟建華嚴勝會

額題"華嚴盛會碑記",顧經撰文,書、篆人名及紀年均剝落。就碑文考之,當是明碑。碑陰額"萬古流芳",題名。

玉皇廟_{鐵香爐}

明玉皇廟碑

額及年月均磨滅,秦鳴雷書。碑陰題名。考秦鳴雷係嘉靖年(西元一五二二——一五六六)進士,此碑當在萬曆年以上。

玉鉢廟_{玉鉢廟胡同}

清重修眞武廟碑記

額題"重修眞武廟碑記",曹日瑛撰並書,康熙六十年(西元一七二一)三月立。碑陰額"萬古流芳",題名,道光十九年(西元一八三九)七月。

清重修眞武碑記

額題"眞武碑記",俞宗聖書,乾隆十七年(西元一七五二)

春月。碑陰額“萬古流芳”，題名。

清眞武廟石鉢花紋

乾隆（西元一七三六——一七九五）時將廟中玉鉢移置團城承光殿前，另製石鉢置此。

玉河菴_{皇城根}

清重修玉河菴碑記

額題“玉河菴碑”，嘉慶十三年（西元一八〇八）九月立。碑陰額“萬古留名”。

永壽菴_{王佐胡同}

清重修永壽菴碑記

額題“萬古流芳”，衛國祚撰，順治十七年（西元一六六〇）春月。碑陰額“萬古流芳”，題名。

永壽觀音菴_{觀音菴胡同}

清永壽觀音菴重修碑

額題“香燈勝會”，康熙二十七年（西元一六八八）九月立。碑陰額“萬古流芳”，題名。

清重修永壽觀音菴碑記

額題“曹溪派七言偈語”，同治三年（西元一六四六）❶七月立。碑陰額“萬古流芳”，題名。

永泰寺_{永泰寺胡同}

明勅賜永泰寺重修碑記

額題“勅賜永泰寺重修碑記”，謝光儀撰，吳祖范書，林悅篆

---

❶　同治三年為西元一八六四年，西元一六四六年為順治三年。據碑名，此碑當立於同治三年（一八六四年）。——編者註

額，□□四十一年四月立。考明代諸帝在位年數惟嘉靖萬曆有四十一年，姑列嘉靖年內。

永祥寺_{永祥寺胡同}

清重修永祥寺碑

額題"重修碑記"，王澤弘撰並書。碑陰額"萬古流芳"，題名，康熙二十九年（西元一六九〇）六月立。

永安宮_{泡子河}

明重修純陽呂公祠記

額題"重修純陽呂公祠記"，撰、書人名磨滅，嘉靖三十二年（西元一五五三）四月。碑陰額"萬古流芳"題名。

明重修純陽呂公祠碑記

額題"重修護國永安宮碑記"，顧秉謙撰，張惟賢書，王毓宗篆額，萬曆四十一年（西元一六一三）正月。碑側題名。

白衣菴_{方家胡同}

清蘭亭眞水

計石七方，蘭亭詩序四方，薩湘林臨書三方，道光二十年（西元一八四〇）後刻。

白衣菴_{能仁寺胡同}

清重修阜城門內白衣菴碑記

額題"萬古流芳"，張家驤書，同治九年（西元一八七〇）十二月立。碑陰額"永固千秋"，題名。

白塔寺_{羊市大街}

清妙應寺碑文

額題"勅建"二字，康熙二十七年（西元一六八八）十一月。

碑陰妙應寺八韻詩，乾隆五十年（西元一七八五）二月御筆。

清妙應寺碑文

額題"勅建"二字，康熙二十七年（西元一六八八）十一月。

清御製重修白塔碑銘

額題"御製"，一面漢、滿文，一面蒙、藏文，乾隆十八年（西元一七五三）。

清御製重修妙應寺碑文

額題"御製"，一面滿、漢文，一面蒙、藏文，乾隆（西元一七三六——一七九五）年間。

清集雲寺三字匾額

有滿、蒙、藏文，蓋某親王圖章，無年月。

玄極觀 甘雨胡同

明增修玄極觀碑記

額題"增修玄極觀碑"，趙鵬程撰，萬曆三十二年（西元一六〇四）九月。

清重修玄極觀碑

額題"重修玄極觀記"，乾隆七年（西元一七四二）十月。

玄眞觀 四道灣

清重修玄眞觀碑記

額題"永垂不朽"，劉錫光撰，張學仲書，劉秉觀篆額。碑陰額"萬古流芳"，題名，光緒十九年（西元一八九三）。

重修玄眞觀碑文

額題"永垂不朽"，陳明霨撰並書，民國二年（西元一九一三）八月立。碑陰額"萬古流芳"，題名。

弘慶寺_{冰窖胡同}

弘慶寺冰窖胡同

明觀音像

比丘祖淵讚，訥菴題，正統九年（西元一四四四）四月立。

明勅賜弘慶禪寺記

額題"勅賜弘慶禪寺之記"，胡瀅撰，黃養正書，朱勇篆額，正統十四年（西元一四四九）四月。碑陰題名。

明勅賜弘慶禪寺碑

額題"勅賜弘慶禪寺之碑"，張益撰，程南雲書，沐昕篆額，正統十四年（西元一四四九）四月。碑陰殘文。

北極聖境_{油坊胡同}

明修建和遠店玉皇殿碑記

額題"重建玉皇口記"，陳光祖撰，王聞智書，萬曆二十年（西元一五九二）四月立。碑陰額"萬古流芳"。

地藏菴_{朝陽門大街}

清重修地藏菴碑

額題"萬古流芳"，光緒二十九年（西元一九〇三）七月。碑陰額"衆善同歸"，題名。

地藏菴_{豬市大街}

清重修地藏菴碑記

史國珍撰，康熙十一年（西元一六七二）十月。碑陰額"萬古流芳"，題名。

成壽寺_{椿樹胡同}

明勅賜成壽禪寺碑

額題"勅賜成壽禪寺碑"，成化五年（西元一四六九）。碑陰額

“萬古流芳”，圖臨濟宗派。

明勅封翊教禪師碑

額題“奉天勅命”，年月磨滅，考清順治年重修碑記，此碑應與成壽禪寺碑同在成化（西元一四六五———一四八七）年間。

明勅諭成壽寺碑

額題“勅諭”二字，正德二年（西元一五〇七）七月。

明重修成壽寺記

額題“重修碑記”，胡繼升撰，譚謙益書，陳顯道篆額，萬曆四十一年（西元一六一三）三月立。碑陰額“萬古流芳”，題名。

清重修成壽寺碑記

額題“重修寺記”，寧完我撰，李棲鵬書，順治十二年（西元一六五五）五月立。

皂君廟國子監

清創建殿宇碑記

額題“萬古流芳”，宣統三年（西元一九一一）九月立。

皂君廟南順城街

清重修皂君廟碑記

額題“重修碑記”，乾隆十二年（西元一七四七）五月立。碑陰額“萬古流芳”，題名。

妙清觀西直門內南小街

明勅賜妙清觀記

額題“勅賜妙清觀記”，胡淡撰，任道遜書，黃采篆額，景泰七年（西元一四五六）立。碑陰大字一行。

妙緣觀大石橋

明勅賜妙緣觀興建事實之碑

額題"勅賜妙緣觀興建事實之碑記",胡濙述,景泰二年(西元一四五一)二月。

明勅賜妙緣觀記

額題"勅賜妙緣觀碑記",胡濙撰,趙榮書,程南雲篆額,景泰三年(西元一四五二)八月立石。

清勅賜重建大眞人府第碑記

額題"勅賜重建眞人府碑記",張昭麟撰,張照書,程鍾彥篆額,乾隆五年(西元一七四〇)八月。

清重修妙緣觀碑記

額題"重修古妙緣觀碑記",沈德潛撰,允禧書,黃邦達篆額,乾隆二十一年(西元一七五六)正月。

洞賓仙人保養心田百字

沖玄亭書。

盧靖眞君大道歌

松退道人書。

宏恩觀鼓樓東娘娘廟胡同

清三皇翠雲仙院碑

額題"萬古長春",陸寶忠書,光緒十七年(西元一八九一)九月立。

清宏恩觀碑

額題"萬古長春",高明峒撰,張百熙書,光緒十九年(西元一八九三)九月。

清宏恩觀碑記

額題"萬古流芳"，光緒十九年（西元一八九三）九月，素雲道人識。

清宏恩觀碑

額題"萬古長春"，潘祖蔭撰，陸潤庠書，光緒十九年（西元一八九三）九月。碑陰額"因果不昧"大字一行。

呂祖閣 和平門內半壁街

清呂祖閣碑銘

額題"萬古流芳"。碑陰額同，道光八年（西元一八二八）四月，張金榜撰。

佛堂廟 南長街

清壽安宮信士三人置廟碑

額題"萬古流芳"，同治元年（西元一八六二）十二月立。

佑聖禪林 鼓樓西甘水橋

明洪法直菴松公行實碑

額題"洪法直菴松公行實碑"，張文憲撰，邊洵書，陳倰篆，嘉靖三十九年（西元一五六〇）十一月立石。

明重修祐聖寺記

額題"重修佑聖寺記"，張文憲撰，邊洵書，陳倰篆，嘉靖三十九年（西元一五六〇）十一月立石。碑陰"重修祐聖禪林十方碑記"，龔鼎孳撰，高士奇書，清康熙十二年（西元一六七三）四月立。

法通寺 法通寺胡同

清勅賜法通禪寺新建淨土禪堂碑記[1]

額題"與碑名同"，撰、書，人名磨滅，弘治十二年（西元一

---

[1]　根據本書其他碑刻命名規則，該碑立于弘治十二年，故當名為"明敕賜法通禪寺新建淨土禪堂碑記"。——編者註

四九九）八月。碑陰額"崇善檀越萬古流芳"，題名。

明勅賜法通寺蘊空鎧禪師實行銘

額題與碑名同，撰、書、篆額皆僧人，弘治十二年（西元一四九九）八月立。碑陰額"金臺廬山顯密法幢"。

明重修法通寺記

額題"重修法通寺記"，劉應召撰，萬曆四十年（西元一六一二）七月立石。碑陰額"萬古流芳"，題名。

清天仙聖母碑記

額題"萬古流芳"，康熙四十二年（西元一七○三）二月立石。碑陰題名。

清勅賜淨因寺碑記

查昇恭撰並書，康熙四十四年（西元一七○五）正月。碑陰大字。

法藏寺北溝沿

清法藏寺重修碑

額題"重修碑記"，嘉慶六年（西元一八○一）四月立。

法光寺捨飯寺胡同

清重修法光寺碑記

額題"法光寺題名記"，李映斗撰，順治十八年（西元一六六一）五月立。碑陰額"萬古流芳"，題名。

法華寺報房胡同

明勅賜法華住山寶峰聚禪師行實碑

額題"法華寺住山寶峰聚禪師行實碑"，李觀撰，范階書，郭登篆額，成化七年（西元一四七一）三月立石。

明勅賜法華禪寺碑記

額題"勅賜法華寺記"，閻□撰，趙福書，朱永篆額，成化十年（西元一四七四）三月立石。

明法華寺別院記

額題"法華寺別院記"，錢應龍撰，萬曆四十三年（西元一六一五）七月。碑陰額"萬古流芳"，題名。

明重修法華寺碑記

額題"重修法華寺碑記"，黃立極撰，天啟七年（西元一六二七）夏月。碑陰額，題名碑記。

清法華寺法悟和尚行實碑記

額題"萬代流芳"，德隆撰，蕭際詔書，乾隆四十三年（西元一七七八）八月。

清法華寺眞存法師銘

額題"永乖不朽"，德保撰，富炎泰書，無年月，考前"行實碑"，在乾隆四十三年（西元一七七八），此銘應亦係其時所立。碑陰紀曹洞宗派并偈語。

清重修古刹德雲行實碑記

崇啟述，趙世駿書，光緒二十八年（西元一九〇二）正月。

清法華寺修建紀略

崇啟撰，文紳書，光緒二十八年（西元一九〇二）。

延福宮 朝陽門大街

明御製大慈延福宮碑

額題"御製大慈延福宮碑"，成化十八年（西元一四八二）十月。

明封嚴眞人制誥碑

額二，一題"聖旨"，一題"奉天誥命"，正德十一年（西元一五一六）八月。

明重葺懸旛竿記

額題"重葺懸旗竿記"，邵錫撰，許紳書，□鏓篆額，嘉靖二十一年（西元一五四二）四月立。碑陰額"萬古流芳"，題名。

明大慈延福宮重修紀成之碑

額題"大慈延福宮重修紀成之碑"，徐階撰，無年月，考碑文有距嘉靖已酉❶（二十八年，西元一五四九）六十七甲子之語，則重修當在萬曆四十三年（西元一六一五）。碑陰題名。

清重修三官神廟碑

額題"御製"，乾隆三十六年（西元一七七一）。

延福寺北溝沿

明重修延福廟碑記

額題"重修延福廟碑記"，張大化撰，侯章書，嘉靖三十三年（西元一五五四）三月立。

明勅賜延福廟重修記

額題"勅賜延福廟重修記"，劉效祖記，萬曆七年（西元一五七九）三月立。碑陰額"功德不朽"，題名。

清重修延福廟碑

額題"萬古流芳"，年號不辨，只有"庚申年"字樣，文紀清皇室御前大臣嵩靈山主張清泉等協資修葺。

---

❶ "已酉"當為"己酉"。——編者註

延禧寺 弓弦胡同

明延禧寺重修碑記

額題"重修碑記"，萬曆三十八年（西元一六一〇）五月立。

清重修延禧寺大殿碑記

額題"重修碑記"，周時禮撰，康熙二十三年（西元一六八四）十一月立。

拈花寺 大石橋

明新建護國報恩千佛禪寺碑記

額題"新建護國報恩千佛禪寺碑記"，楊守魯撰，林潮書並篆，萬曆九年（西元一五八一）七月立。碑陰額"萬古流芳"，題名。

明新建護國報恩千佛寺寶像碑記

額題"新建護國報恩千佛寺寶像記"，喬應春撰，林潮書並篆，萬曆九年（西元一五八一）七月立。碑陰額"萬善同歸"，題名。

清御製重修拈花寺碑文

雍正十二年（西元一七三四）四月，允禮奉勅書。

清觀無量壽佛經並接引佛像

蔣和書，乾隆五十八年（西元一七九三）五月。

清觀世音偈並大士像

汪士鋐書，強國忠畫，乾隆五十八年（西元一七九三）五月。

清般若波羅密多心經

劉墉書，乾隆六十年（西元一七九五）十月。

清般若波羅密多心經

翁方綱書，嘉慶三年（西元一七九八）正月。

圓頓觀心十法界圖説

宋慈雲大師撰，徐文霨識，吳永書，壬戍❶春日，係民國十一年（西元一九二二）春，凡二石，一石繪圖。

拈花寺造像

城隍廟 _{大興縣胡同}

清移建昭顯城隍廟碑記

額題"萬古流芳"，劉永懷誌，同治十一年（西元一八七二）十二月。碑陰題名，碑側聯語。

城隍行宮 _{西皇城根}

清新建宛平縣城隍廟碑記

額題"萬古流芳"，嘉慶十七年（西元一八一二）八月立。碑陰額"光垂日月"，題名。

清新建宛平縣城隍行宮山門碑記

額題"芳名不朽"，嘉慶十七年（西元一八一二）九月立。碑陰額"菓行碑記"，題名。

保安寺 _{西皇城根}

保安寺殘碑

字跡殘剝，年月不辨。嗣查此係元權實義利寺開山和尚了公行蹟碑，殘石，載於《（光緒）順天府志》及《藝風堂金石目》。《順天府志記》云至正十一年（西元一三五一）十二月，附此聲明。

明古刹義利寺重修碑記

額題"古刹義利寺重修碑記"，杜旻撰並書，嘉靖十四年（西

---

❶ "壬戍"當為"壬戌"。——編者註

元一五三五）九月立。

明重修古剎義利寺報恩記

額題"重修古剎義利寺報恩記"，萬曆十七年（西元一五八九）正月立。碑陰額"十方檀越芳名萬古"，題名。

清保安禪寺碑記

題題❶"重建碑記"，索尼撰，康熙二年（西元一六六三）三月立。碑陰額"萬古流芳"，題名，左有滿文。

帝王廟 羊市大街

清歷代帝王廟碑文

額題"歷代帝王廟碑"，雍正十一年（西元一七三三）十月。碑陰詩刻，乾隆五十年（西元一七八五）二月御筆。

清祭歷五代帝王廟禮成恭記

乾隆五十年（西元一七八五）二月御筆。

清重修歷代帝王廟碑文

額題"御製"，乾隆二十九年（西元一七六四）三月御筆，碑陰詩刻。

清帝王廟下馬牌

凡二石，書漢、滿、蒙、藏、托、回六體文，未紀年月，姑附錄於廟碑之次。

柏林寺 雍和宮

清重修柏林寺碑文

額題"御製"，乾隆二十三年（西元一七五八）御筆。

---

❶ "題題"當為"額題"。——編者註

清滿文碑

有額，在前碑左方，應係同時建立。

柏林寺造像

眞武廟_{西四牌樓北大街}

清馬王老會碑記

額題"馬王老會"，乾隆三十年（西元一七六五）二月立。碑陰額"名垂今古"，題名。

清財神聖會碑

額題"永垂不朽"，乾隆四十四年（西元一七七九）七月立。碑陰額"財神聖會"，題名。

清猪市立議碑

額題"永垂不朽"，道光二十九年（西元一八四九）九月立。碑陰題名。

眞武廟_{西海河北沿}

清玄帝廟碑

額題"重修碑記"，王廷謨書，乾隆五十四年（西元一七八九）四月立。

眞武廟_{東安門大街}

清重修眞武廟碑

額題"永垂不朽"，潘祖蔭撰並書，光緒十一年（西元一八八五）八月立。碑陰題名。

眞武廟助賞題名碑

額題"萬古流芳"，辛酉夏立，當卽民國十年（西元一九二一）。

眞武廟東安門內銀閘

明聖旨碑記

額題"聖旨碑記"，天啟三年（西元一六二三）十月立。碑陰額"萬古流芳"，題名。

眞武廟南長街

明重修眞武廟碑記

額題"重修碑記"，劉效祖撰，萬曆八年（西元一五八〇）五月立。碑陰額"萬古流芳"，題名。殿右又一碑，文及年月皆同。

眞武廟眞武廟街

清重修眞武廟碑

額題"萬古流芳"，康熙十一年（西元一六七二）四月。

馬神廟南水關

清王道人道行碑

額題"萬古流芳"，李國梁撰，董玉麐書，光緒二十九年（西元一九〇三）九月。

馬神廟景山東街

清傅忠勇公宗祠碑

額題"勅建"，右刊滿文，乾隆十四年（西元一七四九）三月。

清移建馬神廟碑記

額題"馬神廟碑"，傅恒撰，乾隆二十年（西元一七五五）七月。右刻滿文。

都城隍廟都城隍廟街

清西棚老會碑記

額題"西棚老會碑記"，順治十五年（西元一六五八）五月立。

碑陰額"萬古流芳",題名。

清東棚二聖會碑記

額題"東棚老會碑記",韓焱撰,康熙十二年(西元一六七三)四月立。碑陰額"萬古流芳",題名。

清重修京都城隍廟掛燈會碑記

額題"聖諭掛燈老會",劉塞都撰,吳宗泰書,雍正十二年(西元一七三四)七月立。碑陰額"流芳百世",題名。

清重修都城隍廟碑記

額題"御製",乾隆二十八年(西元一七六三)十二月,御製並書,左滿文。碑陰,瞻禮詩一首,大字"御筆"。

中棚聖會碑記

額題"聖會碑記",王之科等撰。

都土地廟_{柳樹井}

明新建土地神祠碑記

額題"新建土地神祠碑記",張文憲撰,謝從寧書,郭秉聰篆額,嘉靖四十五年(西元一五六六)七月立。碑陰額"萬古流芳",題名。

明新建土地神祠碑記

額題"新建土地神祠碑記",張文憲撰,謝從寧書,嘉靖四十五年(西元一五六六)十月立。碑陰額"萬古流芳",題名。

清梓潼帝君碑

額題"萬古流芳",順治十八年(西元一六六一)立,文甚漫漶,只拓上截,有"梓潼帝君""文昌"等字可辨。碑陰額"法輪常轉",題名。

清重修都土地廟碑文

額題"萬古流芳"，常慶等撰並書，乾隆三十八年（西元一七七三）□月立。碑陰額"衆善芳名"，題名。

高公菴舊鼓樓大街

明勅賜慈隆寺碑

額題"勅賜慈隆寺碑"，朱國祚撰，范可愓書並篆額，萬曆二十三年（西元一五九五）十一月立石。碑陰額"萬古流芳"，題名。

倉神廟北小街

清倉神廟碑

額題"萬古流芳"，鳴盛撰，德新書，嘉慶二十一年（西元一八一六）十二月。碑陰題名。

秘密閣禪院護國寺東巷

清重修秘密閣禪院碑記

額題"重修秘密閣記"，康熙四十年（西元一七〇一）八月。

娘娘廟騎河樓

清娘娘廟塑像碑

額題"娘娘殿記"，道光六年（西元一八二六）四月立。碑陰額"萬古流芳"，題名。

清泰寺大雅寶胡同

明重修古剎清泰寺記

額題"修建清泰額記"，余□撰，閻睿書，董鰲篆額，正德十五年（西元一五二〇）正月立。碑陰額"萬古流分"，題名。

明勅賜清泰寺碑記

額題"勅賜清泰碑"，包澤撰，周致書，朱凱篆額，正德十五年

（西元一五二〇）六月立。碑陰題名。

　　明重修清泰寺碑記

　　額題"重修清泰碑記"，撰、書人等姓名均磨滅，嘉靖二年（西元一五二三）季口立。碑陰額"重修碑記"，萬曆二十年（西元一五九二）七月。

　　清虛觀舊鼓樓大街

　　明勅賜清虛觀記

　　額題"勅賜清虛觀記"，胡濙撰，季淳書，程南雲篆額，景泰五年（西元一四五四）二月。

　　崇興寺大後倉

　　明重修護國天王殿鐘鼓樓神路溝渠等處題名碑記

　　額題"重修天王殿記"，嘉靖三十八年（西元一五五九）。

　　明重修二井記

　　額題"重修二井之記"，隆慶四年（西元十五七〇）八月。

　　明重修天王殿宇碑記

　　額題"重修天王殿宇碑記"，曾省吾撰並書，萬曆八年（西元一五八〇）八月。碑陰額"萬古流芳"，題名。

　　明重修天王殿宇碑記

　　額題"重修天王殿宇碑記"，楊成撰並書，萬曆八年（西元一五八〇）八月。碑陰額"萬古流芳"，題名。

　　崇聖寺皇城根

　　清重修崇聖寺碑記

　　額題"寸心千古"，李雲嚴撰，扎爾杭阿書，乾隆五十四年（西元一七八九）八月立。

通明寺方磚廠

明織染所眞武廟記

額題"建織染所眞武廟記"，魏祐記並書篆，成化十年（西元一四七四）五月。碑陰題名。

明眞武廟重修碑記

額題"眞武廟重修碑記"，王槐撰並書篆，隆慶元年（西元一五六七）正月立。碑陰額"萬古流芳"，題名，萬曆十九年（西元一五九一）十二月。

清通明寺碑

額題"萬善同歸"，光緒五年（西元一八七九）九月立。碑陰額"因果不昧"。

清通明寺碑

額題"永垂萬古"，光緒七年（西元一八八一）九月。碑陰額"同登善緣"，題名。

張相公廟絨線胡同

清寧紹鄉祠歲修碑記

額題"萬古流芳"，朱廷錦撰，金禹泉書，道光十二年（西元一八三二）四月立。碑陰，係康熙年（西元一六六二——一七二二）。一碑文有篆額，字多漫漶。

捨飯寺雙輦胡同

清重修捨飯寺碑

康熙三十三年（西元一六九四）十二月立。碑陰題名。

清重修興福捨飯寺碑文

徐銥撰，文紳書，光緒二十六年（西元一九〇〇）五月。碑陰題名。

翊教寺_{翊教寺街}

明重修古刹翊教禪寺碑記

額題"重修古刹翊教禪寺碑",汪道昆撰,王世懋書,陸樹德篆額,萬曆五年（西元一五七七）仲□立。

明翊教寺殘碑

額題"海會禪林接待賢聖",林懷志撰,黃維堂書,周大城篆額,崇禎十五年（西元一六四二）。

得勝菴_{德內鐵影壁}

明得勝菴石像款識

成化十三年（西元一四七七）,黃順成造。

旌勇祠_{西皇城根}

清原任將軍公明瑞建祠碑文

乾隆三十三年（西元一七六八）五月,左滿文。

普慶寺_{新街口南大街}

清香燈碑記

額題"香燈聖會",虞聲廷撰,康熙十年（西元一六七一）六月。

普恩寺_{羊皮市}

明勅賜普恩禪寺碑記

額題"勅賜普恩禪寺碑記",張瑄撰,施純書,郭良篆額,成化十三年（西元一四七七）十月立石。

明勅賜普恩禪寺碑記

王獻撰,劉道書,李德仁篆額,成化十三年（西元一四七七）

十月立石。碑陰題名。

　　明重修勅賜普恩寺碑

　　額題“助綠檀越芳名”，嘉靖三十一年（西元一五五二）六月立。

　　普安寺翊教寺街

　　明重修普安寺功德碑記

　　題名“功德碑記”，徐階撰，黃光昇書，朱希忠篆額，嘉靖四十三年（西元一五六四）十月立。碑陰題名。

　　明普安寺重修碑記

　　額題“重修碑記”，董汾撰，唐□書，楊文貴篆額，嘉靖四十三年（西元一五六四）十一月立。

　　明普安寺重修碑記

　　額題“勅賜普安寺重修碑記”，葛守禮撰，萬曆三年（西元一五七五）六月立。碑陰題名。

　　明重修普安寺碑記

　　額題“勅賜重修普安寺碑記”，汪道昆撰，萬曆三年（西元一五七五）九月立。

　　華嚴菴永祥寺胡同

　　明勅賜護國華嚴禪林達如宗師重修行實碑

　　額題“勅賜護國華嚴菴碑記”，王祚遠撰，何瑞徵書，喬允升篆額，崇禎二年（西元一六二九）五月。

　　明勅賜華嚴菴碑

　　額題“勅賜華嚴菴碑”，撰、書、篆額人名磨滅，崇禎五年（西元一六三二）七月立。

華嚴寺_{地安門內織染局}

華嚴寺記

額題"華嚴寺記"。碑陰額"萬古流芳",題名。

鑄造鐘鼓記

額題"鑄造鐘鼓記",碑陰題名。

華嘉寺_{華嘉寺胡同}

清重修華嘉寺碑文

額題"萬古流芳",道光十三年(西元一八三三)七月立。碑陰橫額"曹洞正宗",題名。

極樂寺_{羊管胡同}

清極樂菴永遠常住香燈碑記

額題"永垂萬古",乾隆四十四年(西元一七七九)十二月立石。

極樂菴_{安樂堂}

明勅修安樂堂記

額題"勅修安樂堂記",萬曆年(西元一五七三——一六一九)。

隆福寺_{隆福寺街}

明御製新建大隆福寺之碑

額題"勅建"首刊景泰三年(西元一四五二)勅諭一道,碑則景泰四年(西元一四五三)四月立。

清御製隆福寺碑文

額題"勅建",雍正三年(西元一七二五)十月。

清乾隆御製詩

額題“御製”，乾隆二十一年（西元一七五六）冬御筆。

清觀音菴小碑 (在東廊下)

額題“萬古流芳”，道光八年（西元一八二八）十二月。

報恩寺 報恩寺街

清重修報恩寺碑記

額題“萬古流芳”，道光二十六年（西元一八四六）五月立。
碑側題名。

博濟菴 前細瓦廠

清重修博濟菴佛殿禪堂記

額題“萬古流芳”，篆額及書、撰人名漫漶不辨，道光十年
（西元一八三〇）九月立。碑陰額“因果不昧”，題名。

智化寺 祿米倉

明勅賜智化禪寺之碑

正統九年（西元一四四四）九月立。

明智化寺旌忠祠記

額題“皇明恩典”，僧然勝述，天順三年（西元一四五九）
九月。

明智化寺聖旨碑

額題“皇帝聖旨”，天順六年（西元一四六二）十二月。碑陰
題名。

明智化寺鐵鐘經咒文

成化二年（西元一四六六）四月鑄。

明智化寺諭祭碑

額題"諭祭"，碑陰題偈語，成化八年（西元一四七二）四月。

明智化寺諭祭木鏡題字

成化十一年（西元一四七五）七月。

明智化寺門額

橫額曰"勑賜智化寺"，上款"正統九年（西元一四四四）九月奉旨建"，下款"萬曆五年（西元一五七七）三月太監鄭眞等重修"。

清勑賜智化禪寺報恩碑

額題"勑賜智化碑記"，順治十年（西元一六五三）。

順天文廟成賢街

明順天府廟學記

額題"順天府廟學記"，楊榮撰，程南雲書并篆額，宣德十年（西元一四三五）正月。

明順天府重新廟學記

額題"順天府重新廟學記"，陳循撰，趙昂書，黃養正篆額，正統十四年（西元一四四九）六月立石。

清文廟碑記

額題"文廟碑記"，高爾位識，未記年月。考記內有"康熙丙午年榴月告竣"之文，當為康熙五年（西元一六六六）五月。

清修順天府學廟碑記

額題"修順天府學記"，王崇簡撰，孫承澤書，康熙五年（西元一六六六）十月立。

清重修順天文廟碑記

額題"重修順天文廟碑記"，汪本銓撰，李鈞書，張錫庚篆額，咸豐四年（西元一八五四）八月。碑陰額"萬古流芳"，題名。

奉旨下馬

萬福寺 北草廠

清萬福寺碑記

額題"崇德報功"，慶陽撰，道光十九年（西元一八三九）二月立。

萬佛寺 小黑虎胡同

清重修後殿新建伽藍祖師左右丈室碑誌

額題"萬古流芳"，康熙四十一年（西元一七〇二）十月立。碑陰額"露燈聖會"，題名。

清玉保布施佛寺地畝碑記

額題"因果不昧"，嘉慶十三年（西元一八〇八）六月立。

嵩祝寺 嵩祝寺夾道

清法淵寺碑記

額題"御製"，正面漢、滿文，背面蒙、藏文，乾隆四十九年（西元一七八四）十月御筆。

雍和宮 安定門內太保街

清雍和宮滿漢文碑

額題"陟降庭之"，乾隆七年（西元一七四二）十月御製。

清雍和宮四面碑

分刊漢、滿、蒙、藏四種文漢文，題"喇嘛說"，乾隆五十七年（西元一七九二）十月御筆。

清雍和宮滿藏文碑

圓恩寺 前圓恩寺胡同

清重修圓恩寺碑

額題"萬古流芳"，劉綸襄撰並書，光緒九年（西元一八八三）五月立。碑陰額"永垂不朽"，題名。

瑞應寺 鼓樓西甘水橋

清勅賜瑞應寺碑記

額題"勅賜瑞應寺碑"，揆叙撰，陳邦彥書，張廷玉篆額，康熙五十二年（西元一七一三）三月。

清勅賜端應寺碑記

額題"勅賜瑞應寺碑"，湯右曾撰，彭始搏書，胡作梅篆額，康熙五十二年（西元一七一三）八月。

御製瑞應寺文光果詩

橫石。

廣濟寺 羊市大街

明御製廣濟寺碑文

額題"勅賜弘慈廣濟寺碑"，成化二十年（西元一四八四）九月立。碑陰額"重修碑記"，萬曆年（西元一五七三——一六一九）。

明勅賜弘慈廣濟寺助緣碑序偈

額題"勅賜弘慈廣濟寺助緣碑序偈"，沙門思胤撰並書篆，成化二十三年（西元一四八七）九月。

明勅賜廣濟寺記

額題"勅賜廣濟寺記"，正德九年（西元五一四）十月立。碑陰題名。

清重修金佛像碑記

額題"萬古流芳"，高珩撰並書，康熙九年（西元一六七〇）七月立。

清御製弘慈廣濟寺碑

額題"御製碑文"，康熙三十八年（西元一六九九）四月，皇子胤祉奉勅書。

清乾隆御製詩

乾隆十二年（西元一七四七）御題。

廣濟寺石幢

廣濟寺 舊鼓樓大街雙寺

明共成勝緣碑記

額題"共成勝緣碑"，成化十六年（西元一四八〇）五月立。碑陰額"施資檀信"，題名。

明勅賜廣濟寺碑

額題"勅賜廣濟寺碑"，孫添濟撰並書篆，成化十六年（西元一四八〇）五月立石。碑陰額"永遠流芳"，題名。

明勅賜廣濟寺重修碑記

額題"勅賜廣濟寺重修碑記"，歐大任撰，湯煥書，張溶篆額，萬曆九年（西元一五八一）五月立石。

明廣濟寺立禪能蠲修行紀略

額題"廣濟寺立禪能蠲修行紀略"，喬曰阜撰，湯煥篆額，陳繼高書，萬曆九年（西元一五八一）九月。

廣慈寺 九條胡同南觀音寺胡同

明勅賜觀音寺重建碑記

額題"勅賜觀音寺重建碑記"，撰、書人姓名及年月均殘剝難辨，考記內有"正統十四年（西元一四四九）住持浩祥倡始重建此寺"之文，碑之立當在此時。碑陰額"十方檀越芳名"，題名。

明廣慈寺殘碑

字多殘剝難辨，惟碑陰有"御馬監太監韓"等少數字可識，自係明碑。

廣慈寺 前圓恩寺胡同

明廣慈寺十方院碑記

額題"十方碑記"，萬曆四十五年（西元一六一十）二月立，清道光二十八年（西元一八四八）九月重鐫。碑陰額"芳名永註"❶，題名。

廣福觀 烟袋斜街

明道觀誥勅碑

額題"大明誥勅"，上層天順四年（西元一四六〇），下層成化元年（西元一四六五）三月。

清改建孚佑宮山門碑

額題"萬善同歸"，道士李永善誌，光緒九年（西元一八八三）七月立。

廣善寺 寶禪寺街

明勅賜寶禪寺新建記

額題"勅賜寶禪寺新建記"，萬安撰，謝宇書，陳綱篆額，成化十三年（西元一四七七）九月立。額陰碑❷助緣中貴"萬古流芳"，題名。

---

❶ "芳名永註"疑為"芳名永駐"。——編者註
❷ "額陰碑"疑為"碑陰額"。—— 編者註

明勅賜寶禪寺重修記

額題"勅賜寶禪寺重修碑記"，甘為霖撰，顧亨書，張錡篆額，嘉靖二十五年（西元一五四六）八月立。碑陰額"萬古流芳"，題名。

廣仁禪林 果子市大街

明廣仁禪林碑

額題"萬古流芳"，萬曆三十九年（西元一六一二）。碑陰題名。

廣化寺 鴉兒胡同

明廣化寺彌陀會記

額題"彌陀會記"，葉向高撰，周文盛書，萬曆二十七年（西元一五九九）七月立。碑陰額"萬古流芳"，題名。

清廣化寺壁議單

道光二年（西元一八二二）四月立。

清重修廣化寺碑記

額題"法輪常轉"，徐繼畬撰并書，咸豐二年（西元一八五二）四月立。

清廣化寺創建戒壇碑

額題"芳徽遠振"，王祖光書，光緒十六年（西元一八九〇）十月。

慈覺寺 德勝門內抄手胡同

清金剛寺次略記

額題"金剛寺十方常住碑"，高去奢撰，張學曾書並篆額，順治十年（西元一六五三）四月立。碑陰題名。

慈慧寺 北月芽胡同

清重修慈慧寺碑記

額題"永垂不朽"，張之漢撰，楊世勇書，宣統三年（西元一九一一）六月立。碑陰額"萬善同歸"，題名。

清勅建古慈慧寺中興碑記

額題"萬古長春"，沙門道階槃譚撰，宣統三年（西元一九一一）六月立。

清重建慈慧寺碑

額題"千秋永固"，僧常眞識，宣統三年（西元一九一一）立。

慈壽寺 交通口❶

明開元寺興造記

額題"開元寺興造記"，趙琬撰，范寅書，何寅篆額，正統十年（西元一四四五）六月，碑陰額，碑陰題名。

明勅賜惠明寺碑記

額題"勅賜惠明寺碑"，趙昂撰，朱奎書，周庠篆額，天順四年（西元一四六〇）八月立。碑陰題名。

慈善寺 辛寺胡同

明勅賜護國慈善寺碑記

額題"勅賜護國慈善寺碑記"，李琦撰，林潮書並篆，萬曆五年（西元一五七七）五月立。碑陰額"皇帝勅諭"，萬曆十四年（西元一五八六）九月。

---

❶ "交通口"疑為"交道口"。——編者註

慈因寺 宮門口橫三條

明寶誌公禪師十二時歌

額上畫像，楊明時書，萬曆二十六年（西元一五九八）十月，臧貴立石，末有方堯治等題識三則。

清重修慈因寺碑

額題"永貽諸後"，乾隆四十五年（西元一七八○）二月，沙門妙魁立石。

清皇六子詩

額題"守讚莫窮"，乾隆四十五年（西元一七八○）二月，皇六子題。

福祥寺 福祥寺胡同

明勅賜福祥寺改山門記

額題"勅賜福祥寺改山門記"，撰、書人名及年月均磨滅，考殘文有"弘治丙辰"字跡可辨，是為弘治九年（西元一四九六）。碑陰題名。

明僧錄司左覺義守愚進公住持福祥寺序

額題"重修福祥禪寺碑記"，□維禎序，萬曆二十年（西元一五九二）正月。碑陰額"萬古流芳"，撰、書、篆額人名磨滅。

福田觀 東門倉胡同

清福田觀小碑

額題"萬古流芳"，程維善書，光緒十九年（西元一八九三）九月立。

嘉興寺_{皇城根}

清嘉興寺石區額

康熙十九年（西元一六八〇）十月重修。

蒼聖廟_{寶禪寺街}

京都外館天津張垣等處募捐創建蒼聖廟姓氏碑誌

正額始制文字，陰額"萬古流芳"，趙師陶書，民國十六年（西元一九二七）六月。

創建蒼聖祠芳名碑

正額"廣種福蔭"，陰額"流芳萬世"，王風書，民國十七年（西元一九二八）三月。

太古蒼聖史皇上帝功德碑

額題"蒼聖功德碑文"，王風撰並書，民國十七年（西元一九二八）三月。碑陰額"創建蒼聖祠碑記"，劉繼賢撰，王風書，並篆額，年月同上。

創建蒼聖祠芳名碑

正額"福綠善慶"，陰額"功德昭明"，王風書，民國十七年（西元一九二八）三月。

獎忠祠_{沙灘北松公府}

清晉封郡王福康安入祀獎忠詞❶碑文

額題御製碑文，嘉慶二年（西元一七九七），左滿文。

碧峯寺_{碧峯寺胡同}

碧峰寺題名碑

只存兩額，一"檀越功行芳名之記"，一"都城內外檀越之

---

❶ "詞"當為"祠"。——編者註

名"，餘字殘剝。

翠峯菴翠峯菴胡同

明翠峯菴記

額題"翠峯菴記"，葛曦撰，萬曆十九年（西元一五九一）閏三月。

壽明寺鼓樓西甘水橋

明壽明寺重興記

額題"壽明寺重興記"，杜昌撰，張懋書，□應壁篆額，弘治四年（西元一四九一）。

明重建壽明寺碑記

額題"重建壽明寺碑"，顧京撰，張懋書，吳鎧篆額，正德八年（西元一五一三）八月。碑陰額"萬古流芳"，題名。

明重修壽明寺碑記

額題"重修壽明寺記"，張富撰，東吳顧書，胡忠篆額，正德八年（西元一五一三）八月立，嘉靖二十年（西元一五四一）重鐫。

清重建壽明寺碑記

額題"重建壽明寺記"，道光十年（西元一八三○）八月，僧穎光撰。

匯通祠西水關

清乾隆御製詩

積水潭即景絕句三首，乾隆二十六年（西元一七六一）四月御筆。碑陰，七律一首，同年春。碑側，瞻禮一律，五十一年四月。

慧照寺_{慧照寺胡同}

明勅賜慧照寺修建記

額題"勅賜慧照寺修建記"，撰、書、篆撰❶人姓名漫漶，弘治十年（西元一四九七）十月立。碑陰額"錙流宗派"，題名。

德福菴_{西直門內南小街}

清德福菴補修碑記

高爾位識，康熙九年（西元一六七〇）十二月。

慶寧寺_{武王侯胡同}

清慶寧寺廟碑記

額題"永垂不朽"，碑陰額"萬古流芳"，光緒十二年（西元一八八六）六月。

興隆寺_{口袋胡同}

清重修興隆禪寺碑記

額題"重修興隆禪寺碑記"，康熙十七年（西元一六七八）三月立。

興隆寺_{北長街}

清興隆寺重刊碑

額題"萬古流芳"，米漢雯撰幷書，康熙三十二年（西元一六九三）三月立，嘉慶元年（西元一七九六）九月重刊。碑陰額"咸登覺岸"，題名。

清萬壽興隆寺養老義會碑

額題"萬古流芳"，乾隆二十二年（西元一七五七）六月立。

---

❶ "撰"當為"額"。——編者註

碑陰額"咸登覺岸",題名。

清獻花會題名碑

額題"獻花老會",陰額"萬善同歸",兩面題名,乾隆三十二年(西元一七六七)三月立。

清興隆寺供獻香火題名碑

額題"萬善同歸",嘉慶、同治、光緒歷年題名,碑側同。

清興隆寺萬年香火錢人名碑

額題"萬古流芳",道光十九年(西元一八三九)九月立。碑側同治十二年(西元一八七三)題名。

清興隆寺邀請善會碑

額題"永垂久遠",同治五年(西元一八六六)五月立。

清興隆寺辦馬王會碑

額題"接踵惟賢",同治二、五、七各年(西元一八六三、一八六六、一八六八)題名。

清興隆寺養老義會緣起碑

額題"萬古流芳",光緒二十一年(西元一八九五)三月立。碑陰額"永垂不朽",題名。

清興隆寺布施香資題名碑

額題"永垂久遠",光緒二十一年(西元一八九五)四月立。

清興隆寺助善芳名碑

額題"萬善同歸",光緒二十九年(西元一九〇三)二月立。

清興隆寺助銀題名碑

額題"永垂久遠",宣統元年(西元一九〇九)十二月立。

緣慶禪林 北極閣

清緣慶禪林及恆吉寺碑記

額題"萬古流芳"，綿譽撰並書，道光十七年（西元一八三七）八月。

賢良寺 冰渣胡同

清御製賢良寺碑文

額題"御製"，勵宗萬奉勅書，雍正十二年（西元一七三四）十一月。

清御製佛像經碑

乾隆九年（西元一七四四）元日御書。

賢良祠 西皇城根

清御製賢良祠碑文

額題"勅建"，雍正十一年（西元一七三三）九月御筆。

清賢良祠滿文碑

疑同前碑建於一時。

靜默寺 北長街

明重修關帝廟碑記

額題"重修關帝廟碑"，王□撰，陳周侯書並篆額，崇禎元年（西元一六二八）正月立。碑陰額題"碑陰"二字，題名。

清勅建靜默寺碑記

橫石三，王掞撰，王澍書，康熙五十八年（西元一七一九）四月立。張照跋尾。又橫石二，"沛天上人傳"，方苞撰，湛富書，乾隆三年（西元一七三八）八月。

清勅建靜默寺碑記

額題"勅建靜默寺碑記"，允祿奉勅書，康熙五十九年（西元一七二〇）正月立。

龍華寺後海北河沿

明重修龍華寺碑記

額題"重修龍華寺碑記"，朱之蕃撰，孫承宗篆額，李開藻書，萬曆三十二年（西元一六〇四）十月。碑陰題名。

龍王廟翔鳳胡同

龍王廟殘碑

額題"咸歌帝力"。

龍王廟中繅胡同

清重修四眼井龍王廟碑記

額題"萬古流芳"，乾隆四十三年（西元一七七八）六月立。

彌勒院西花廳

清彌勒院鐵鍾

康熙三十三年（西元一六九四）九月。

清彌勒院鑄鐵鼎記

道光十八年（西元一八三八）八月。

清彌勒院碑記

額題"永垂不朽"，慶愛撰并書，道光三十年（西元一八五〇）十二月立。

彌勒院西直門內南小街

明彌勒院鐵鐘鑄經咒文

萬曆四十六年（西元一六一八）四月造。

清彌勒院觀世音菩薩像

乾隆二十三年（西元一六八四）四月，住持僧海觀造，附九蓮觀音像一，末署“萬曆壬辰年（二十五年，西元一五九七），住持海觀立石”，疑有訛偽。

雙塔寺 西長安街

重修雙塔寺馬神廟碑記

額題“萬古流芳”，僧靈慧書，民國五年（西元一九一六）五月立。碑陰額“用示永久”，題名，有側。

雙寺 舊鼓樓大街北頭雙寺三號

明重修雙寺碑記 （在東墻外）

額題“重修雙寺碑記”，王陞撰，雷思霈書，張惟賢篆額，萬曆三十一年（西元一六〇三）四月立。

明勅建嘉慈寺重修碑記 （在東墻外）

額題“勅諭嘉慈寺重修碑記”，丘禾實撰，趙秉忠書，黃國鼎篆額，萬曆四十年（西元一六一二）十月。

禮拜寺 府前街囘囘營

清勅建回人禮拜寺碑記

額題“御製”，乾隆二十九年（西元一七六四）仲夏御筆，正面滿、漢文，背面囘、蒙文。

關帝廟 南順城街

京師小旃檀寺碑記

額題“護法金湯”，薛之衍撰書，民國十一年（西元一九二二）立。

關帝廟南鬧市口

清重刊伏魔帝君碑文

額題"萬載流芳"，道光二十九年（西元一八四九）七月立。碑陰額"慶賀聖碑"，題名。

關帝廟宣武門外東城根

清宣武門甕城關帝廟碑

額題"威振乾坤"，喻震生撰，康熙十七年（西元一六七八）九月立。

關帝廟十條胡同

清旗竿石座款識

康熙五十四年（西元一七一五）九月。

關帝廟七條胡同

聖中老會碑

額題"萬古流芳"，民國十八年（西元一九二九）四月。

關帝廟題名碑

額題"永垂不朽"。

關帝廟小細管胡同

明漢壽亭侯廟碑

額題"漢壽亭侯廟碑"，黃廷用撰，嘉靖三十一年（西元一五五二）七月立。

關帝廟孫家坑

清重修崇宵觀記

額題"生氣常存"，李霨撰，康熙八年（西元一六六九）八月。

碑陰額"萬古流碑"❶，題名。

關帝廟宮門口西岔

清重修關聖帝君廟碑

額題"永垂千古"，光緒二十六年（西元一九〇〇）四月立。
碑陰額"萬古流芳"，題名。

關帝廟小乘巷

清關帝廟重修碑

額題"萬古流芳"，同治十三年（西元一八七四）十月立。

關帝廟大帽胡同

明義勇武安王廟記

額題"關王廟記"，燕口宦撰，韓寅書並篆額，嘉靖四十三年
（西元一五六四）五月立。碑陰額"萬古流芳"，題名。

重明修義勇武安王廟碑

額題"重修關王廟記"，趙鵬程撰，萬曆三十年（西元一六〇
二）正月立。碑題額❷"萬古流芳"，題名。

清關帝廟記

額題"萬壽關帝廟記"，喬松年撰，覺羅崇恩書，同治九年
（西元一八七〇）十月立石。碑陰額"永垂不朽"，僧昌濤題記。

關帝廟馬相胡同

明重修伏魔大帝廟碑記

額題"萬古流芳"，口士俊撰，魏國臣書，年號被鏨，尚存"九
年歲次丙子孟春"數字，考記內有"成化十八年（西元一四八二）

---

❶ "萬古流碑"疑為"萬古流芳"。——編者註
❷ "碑題額"疑為"碑陰額"。——編者註

始創"之文，可推定重修仍在明朝。有明各帝，惟崇禎九年歲在丙子，此碑當係崇禎九年（西元一六三六）正月所立。碑陰題名。

關帝廟 羊市大街

明關王廟重修碑記

額題"重修碑記"，字跡殘剝，年月不辨，文有"逮我明朝成化"等字，當是明碑。

關帝廟 皇城根

清福應惟誠碑

碑陰刊山西崞縣楊玉潔立，乾隆五十三年（西元一七八八）七月。

清誠求速應碑

額題"永遠流傳"，嘉慶九年（西元一八〇四）。

關帝廟 西皇城根

明勑修漢壽亭侯廟碑

額題"勑修漢壽亭侯廟碑"，商輅撰，任道遜書，程洛篆額，成化十三年（西元一四七七）六月立。

清關帝廟後殿崇祀三代碑文

額題"勑建"，雍正十一年（西元一七三三）十月，左有滿文。

關帝廟 騎河樓

清重修騎河樓關聖帝君廟記

額題"關帝廟記"，汪新撰，乾隆三十四年（西元一七六九）十月立。

關帝廟地安門內三眼井

清重修關帝廟碑記

額題"萬古流芳"，傅恆撰，乾隆二十一年（西元一七五六）九月立，左滿文。

清重修關帝廟碑記

額題"重修關帝廟碑記"，福隆安撰，乾隆四十三年（西元一七七八）六月立。

關帝廟景山東大街

清重修忠義關帝廟碑記

額題"忠義關帝廟碑記"，隋藏珠撰並書，咸豐二年（西元一八五二）十一月立。碑陰額"萬古流芳"，題名。

關帝廟恭儉胡同

清重修鐵匠營內官監關帝廟功竣紀善碑記

沙門行渡撰，元徹書，康熙二十四年（西元一六八五）秋口月立。碑陰額題，碑陰題名。

關帝火神廟東門倉

清關帝火神廟碑

額題"萬古流芳"，道光十三年（西元一八三三）十月立。

清重修關帝廟碑誌

額題"萬古流芳"，葉廷選撰鐫，道光十三年（西元一八三三）十一月立。

清關帝廟碑

額題"萬古流芳"，道光十五年（西元一八三五）六月。

關帝廟 西四牌樓北大街

元義勇武安王碑

額題"義勇武安王碑"，泰定元年（西元一三二四）五月立。

元漢義勇武安王祠記

額題"漢義勇武安王祠記"，逯居敬書，泰定三年（西元一三二六）四月立。碑陰題名。

明重建義勇武安王廟記

額題"重建義勇武安王廟記"，苗衷撰，田子玉書並篆額，正統十年（西元一四四五）十月立。

明重修義勇武安王廟碑

額題"義勇武安王碑"，張天駿撰，□□疇書，李綸篆額，弘治十五年（西元一五〇二）五月立。碑陰額"流芳萬古"，題名。

明重建關王廟記

額題"重建關王廟記"，蔡文魁撰並書篆，嘉靖十九年（西元一五四〇）十月立。碑陰額"萬古流芳"，題名。

清修葺雙關帝廟碑記

額題"修葺碑記"，順治十八年（西元一六六一）五月立。碑陰額"三聖老會"，題名。碑側大字。

關帝高廟 德勝門內高廟甲十號

清重修關帝高廟記

額題"萬古流芳"，嘉慶二十一年（西元一八一六）九月立。

梁巨川先生殉道碑 （在廟旁）

民國七年（西元一九一八）十二月，彭詒孫立石，彭汶孫書。碑陰大字。

圓覺經

橫石二。

關帝廟西皇城根

明護國關王廟記

額題"護國關王廟記"，徐錦書，嘉靖十七年（西元一五三八）五月立。碑陰額題"碑陰"二字，題名。

明護國關王廟義會碑記

額題"護國關王廟義會碑記"，李士元撰並書篆，嘉靖三十八年（西元一五五九）冬立。

明護國關王廟義會碑記

額題"關王廟義會記"，吳廷浩撰，陣儒書篆，嘉靖四十五年（西元一五六六）五月立。碑陰額"萬古流芳"，題名。

明重修關王廟碑

額及撰書人名皆剝落，萬曆二十七年（西元一五九九）六月。

清重修關帝廟碑記

額題"御製"，乾隆三十四年（西元一七六九）十一月御筆，左滿文。

藥王廟東不壓橋東胡同

明藥王廟記

額題"藥王廟記"，王宷識並書，萬曆二十四年（西元一五九六）六月。碑陰"萬古流芳"，題名。

藥王廟皇城根

明勅賜普濟藥王廟碑記

額題"勅賜普濟藥王廟碑記"，萬曆三年（西元一五七五）春。

明歷代名醫記贊碑

額題"歷代名醫記贊",劉效祖記,萬曆三年(西元一五七五)十月。

寶禪寺武王侯胡同

明重修華藏彌陀寺碑記序

額題佛偈八句,焦竑書,萬曆二十年(西元一五九二)五月立。碑陰如來雙跡圖。碑側,清乾隆甲寅年(五十九年,西元一七九四)僧廣文鐫記並題名。

寶禪寺呪語

額題"皇圖永固"。

寶慶寺五條胡同

清重修寶慶寺碑記

額題"寶慶寺重修記",吳麐撰,吳□書,雍正六年(西元一七二八)九月立。

寶公寺東直門大街

清修整寶公寺碑

額題"萬古流芳",成允撰,文彬書。碑側,僧續明七古詩一首,題名,光緒二十四年(西元一八九八)十二月立。

靈鷲菴舊鼓樓大街酒醋局

清西山大覺寺下院靈鷲菴重修碑記

額題"萬古流芳",弘景撰並書,乾隆九年(西元一七四四)五月。

靈官廟南長街靈官廟

清重修靈官廟碑

額題"萬古流芳",光緒十八年(西元一八九二)十月立。

重修靈官廟碑

額題"永垂不朽",張炯撰,江鳳鳴書,民國九年(西元一九二〇)三月立。碑陰額"萬古流芳",題名。

護國寺護國寺街

元護國寺皇帝聖旨碑

至元二十一年(西元一二八四)二月。碑陰橫額,"崇國北寺地產圖"。

元大崇國寺崇教大師演公碑銘

額題"特賜佛性圓融崇教大師華嚴傳戒演公道行之碑",趙孟頫撰並書篆,皇慶元年(西元一三一二)三月立。

元參政速安建塔記

橫額"舍利寶塔",僧崇萬撰並書,延祐二年(西元一三一五)三月立。

元大都崇國寺重新修建碑

額題"大元重修崇國寺碑",沙門法禎撰,葛禋書,許居直篆額,至正十一年(西元一三五一)四月立。碑陰額"祖師隆安傳嗣之圖"。

元聖旨碑

至正十四年(西元一三五四)七月立,碑陰"寺產記"。

元勅賜大崇國寺壇主隆安選公特賜澄慧國師傳戒碑

額題"大元勅賜傳戒壇主空明圓證澄慧國師隆安選公碑",危素撰並書，張璂篆額，至正二十四年（西元一三六四）九月立。碑陰，諭劄二道。

明西天佛子大國師班丹扎釋壽像記

碑只半截，宣德十年（西元一四三五）。

明勅賜崇恩寺剌麻桑渴巴辣實行碑

額題"勅賜崇恩寺碑"，僧道深撰，程洛書，張瓚篆額，天順二年（西元一四五八）九月立石。碑陰題名。

明樂助善緣碑

額題"樂助善緣之記"，成化八年（西元一四七二）十一月立。碑陰御製記文。

明勅賜修造碑

額題"勅賜修造之記"，成化八年（西元一四七二）十一月立。

明勅建大隆善護國寺看誦欽頒大乘諸部藏經碑文

額題"欽頒藏經碑文"，成化十七年（西元一四八一）四月，僧定常述。

明勅建大隆善護國寺藏卜堅參承繼祖傳住持碑

額題"大隆善護國寺祖傳住持碑記"，撰、書人名磨滅，嘉靖二十二年（西元一五四三）十月立。碑陰額"續焰聯芳"，題名。

清京都大隆善護國寺新續臨濟正宗碑記

額題"傳燈正脈嫩桂聯芳"，順治十八年（西元一六六一）七月。碑陰額"僧衆職名"，明正德七年（西元一五一二）十月立石。

清護國寺藏文碑

有額，碑文全係藏文，據寺僧言碑立在順治年間（西元一六四四——一六六一）。按以藏文書碑，至清朝始有之。

清御製崇國寺碑文

額題"勅建"二字，康熙六十一年（西元一七二二），漢、滿、蒙、藏四種文。碑陰滿文。

清護國寺石甕款識

乾隆七年（西元一七四二）四月，唐士恭獻。

護國寺舍利塔額

在護國寺街護國寺。

又護國寺藏文碑

正面藏文，有額。碑陰額，官員工匠職名，未詳年月，姑與前碑併列。

鐵獅子廟鐵獅子廟胡同

清眞武廟碑

額題"因果不昧"，道光二十二年（西元一八四二）六月立。

清玄帝廟碑

額題"為善最樂"，道光二十九年（西元一八四九）閏四月立。

鑄鐘娘娘廟鼓樓西鑄鍾廠

清鑄鐘廠碑

額題"重修聖廟"，劉芳遠撰，于之善書，順治八年（西元一六五一）十月立。

清重修鑄鐘娘娘大殿碑記

額題"萬古流芳"，乾隆五十年（西元一七八五）十月立。

清重修金爐聖母大殿碑

額題"名標千古"，道光八年（西元一八二八）。

清鑄鐘廠娘娘廟碑

額題"萬古流芳"，道光八年（西元一八二八）三月立。

顯靈宮顯靈宮胡同

明御製敷祀文碑

額題"御製敷祀文碑"，嘉靖三年（西元一五二四）。

明御製大德顯靈宮碑

額題"御製"二字，嘉靖三年（西元一五二四）。

顯應觀西斜街

明勅賜顯應觀紀成之碑

額題"勅賜顯應觀紀成之碑"，徐階撰，王槐書幷篆額，嘉靖四十二年（西元一五六三）八月立。碑陰大字，題名。

清重修顯應觀記

梁國治撰並書，乾隆四十四年（西元一七七九）。

清重修顯應觀碑

額題"萬古流芳"，宣統三年（西元一九一一）七月立。碑陰題名。

顯佑寺北新華街

明新建顯聖關王廟碑記

額題"顯聖關王碑記"，魯史撰，孫壽書，萬曆三十七年（西元一六〇九）正月立。

重建關聖帝君碑記

額題"重建關聖帝君碑記"，揚廷筠撰，章鳳羽書。

鷲峯寺臥佛寺街

明放生文刻石

此石文似未全，天啟四年（西元一六二四）春月許□。

清重修鷲峰寺碑記

額題"御製"，乾隆二十六年（西元一七六一）十二月御筆。

清大士像贊

甄龍友集句，王象雲隸書。像左旁有乾隆字，年月漫漶，像贊本宋人作，當係乾隆（西元一七三六——一七九五）時人摹刻。

觀音寺 西長安街大棚欄

清如山刊范文忠公明史本傳碑

赫舍里如山書，光緒九年（西元一八八三）六月立。

清立明大學士范文忠公殉節處碑

碑為清朝何年所立無考，末誌北京教育會移碑於寺，時則民國五年（西元一九一六）九月。

觀音寺 舊鼓樓大街小石橋

清新建廓然禪林碑記

額題"萬壽無疆"，康熙三十二年（西元一六九三）十二月。

觀音寺 西觀音寺胡同

明重修古剎觀音寺碑

額題"重修古剎觀音寺碑記"，撰、書及篆額人名磨滅，嘉靖三十四年（西元一五五五）四月。

明重修古剎觀音寺碑

額題"重修古剎觀音寺碑記"，嘉靖三十四年（西元一五五五）四月。

觀音寺 國會街

清重修觀音寺碑記

富性善撰，盧知命書，乾隆二十九年（西元一七六四）七月立。

觀音堂 西皇城根

明重修觀音菴記

額題"重修觀音菴記"，李春芳撰，嘉靖三十五年（西元一五五六）二月立。

外　城

七聖廟彰儀門內白紙坊南

清諭祭張成文

額題"聖旨"，康熙元年（西元一六六二）四月。

三聖觀右安門後身

清青雲壇墨寶二種

一額題"英武之佛"，武夫子書；一額題"三教宗師"，純陽書，光緒十五年（西元一八八九）二月。

清重修三聖觀碑記

額題"靈光永照"，光緒十五年（西元一八八九）六月。

三教寺右安門內三教寺街

明玉皇廟碑

額題"新建玉皇廟碑"，史記事撰，張守道書，郭振明篆額，許應聘摹，天啟四年（西元一六二四）十二月。

清重建文昌殿記

額題"重建文昌殿記"，金之俊撰，李霨書，順治十八年（西元一六六一）二月。

文昌題名碑記

額題"文昌題名碑記"。

十方題名碑記

額題"十方題名碑記"。

三聖菴_{宣武門外黑窰廠}

清重修三聖菴山門碑記

額題"萬善同歸",許誦恒撰,陸潤庠書,光緒十年(西元一八八四)四月。

清三聖菴重建山門記

額題"萬古流芳",黃雲鵠撰,王仁堪書。

三清廟_{宣武門外黑窰廠}

明重修黑窰廠三清廟記

額題"三清廟記",嘉靖三十九年(西元一五六〇)九月。

明重修黑窰廠三清廟記

額題"重修黑窰廠三清廟記",郭朝賓撰,萬曆三年(西元一五七五)。

三官廟_{正陽門外戢子市}

清重建三官廟碑記

額題"衆善重建",王天祿撰並書,乾隆四十六年(西元一七八一)十月立。

大慈菴_{崇文門外東柳樹井}

清新建大慈菴東院碑記

額題"萬古流芳",曹學閔撰,徐烺書,乾隆三十五年(西元一七七〇)七月立。

清重修大慈菴碑記

額題"永垂不朽"，曹學閔撰，余文儀書，乾隆三十五年（西元一七七○）七月立。

清重修大慈菴碑記

額題"萬古流芳"，孫廷夔撰，張埕書，乾隆五十四年（西元一七八九）四月立。

清續修大慈菴記

額題"繼序不忘"，申啟賢篆額，彭作邦撰並書，道光七年（西元一八二七）四月立。

大悲院 彰儀門內法源寺前街

清大悲院堅固塔記

額題"萬古流芳"，陳廷經撰，曾國藻書，同治十年（西元一八七一）。碑陰，明善撰記文，文錫書。

清大悲院錫梵大師碑

溥多撰，載國書，豫琦篆額，光緒二十九年（西元一九○三）二月。

千佛寺 彰儀門內棗林街

明太監商公預建碑記

額題"皇明"二字，洪馨遠撰，衛國本書並篆額，萬曆二十三年（西元一五九五）十月立。

明重建古刹千佛寺碑記

額題"重建碑記"，萬曆二十囗年（西元一五七三——一六一九）十一月立。

土地祠和平門外南新華街

重修琉璃廠土地祠記

李鍾豫撰，祝椿年書，民國八年（西元一九一九）。

北京琉璃廠安平公所記

李鍾豫撰，祝椿年書，民國八年（西元一九一九）。

五道廟和平門外五道廟街

玉帝神碑

額題"玉帝神碑"。

五聖禪林正陽門外蠟燭芯胡同

重建五聖禪林記

額題"萬古流芳"，朱大璵撰，華士奎書，民國十三年（西元
一九二四）七月。

五顯廟廣渠門內棲流所

明重修古蹟五顯廟碑記

額題"重修五顯廟碑"，弘治十一年（西元一四五八）六月立。
碑陰額"萬古芳銘"，題名。

清五顯廟碑

額題"萬古流芳"，趙繼普書，乾隆三十七年（西元一七七三）
八月。

火神廟和平門外琉璃廠

清重修火神廟碑

額題"重修火神廟碑"，福隆安撰，幷書，乾隆四十一年（西
元一七七六）九月。

重修京師琉璃廠火神廟記

額題"萬古垂芳"，聶憲藩紀，民國十二年（西元一九二三）十一月立。

火神廟正陽門外糧食店

清正陽門外糧食市火神廟碑記

額題"萬古流芳"，曹學閔撰幷書，乾隆三十八年（西元一七七三）六月立。

清糧食市火神廟建立罩棚碑記

額題"萬古流芳"，蔡新撰，王恒萃書，乾隆四十三年（西元一七七八）十一月立。

清重修糧食市火神廟碑記

額題"萬古流芳"，劉毓南撰，馮端本書，咸豐十一年（西元一八六一）四月。

清重修糧食市火神廟碑記

額題"萬古流芳"，張賡颺撰，熊亦奇書，光緒十六年（西元一八九〇）五月立。

火神廟崇文門外火神廟大街

明火神廟記

額題"火神廟記"，□□□撰，周文通書，高□□篆額，正德七年（西元一五一二）立。

天仙菴宣武門外西草廠

清天仙菴碑記

額題"重修天仙聖菴碑記"，張軾書，僧寂來勒石，乾隆二十四年（西元一七五九）八月。

天仙娘娘廟 崇文門外東興隆街

清重修土地祠記

額題"萬古流芳",光緒十三年(西元一八八七)八月立。

天龍寺 廣渠門外天龍寺街

清天龍古寺會館碑記

樓儼撰,馮敬玉書,雍正五年(西元一七二七)口月。

清開化寺碑

額題"德沛珠林",周廷棟撰,趙玉❶,嘉慶八年(西元一八〇三)七月。

天仙菴 右安門內三教寺街

天仙菴造像

太清觀 右安門內太清觀街

清重修太清觀紀事

蔡永清撰,嘉慶十六年(西元一八一一)正月立。

清公善堂重修太清觀添設煖廠碑記

額題"善與人同",周冠撰,楊際春書,光緒五年(西元一八七九)六月。

公輸祠 崇文門外魯班館

清新建仙師公輸祠碑記

額題"永垂不朽",王國棟撰,孫貫一書,嘉慶十八年(西元一八一三)五月立。

---

❶ 後缺字。——編者註

清重修仙師公輸祠碑記

額題"永垂不朽",宗裕昆撰并書,光緒六年(西元一八八〇)七月立。

玉皇廟宣武門外保安寺街

清玉皇廟重修碑銘

額題"重修玉皇廟碑銘",成□❶鞏撰,虞世瓔書,順治十八年(西元一六六一)四月。

玉虛觀宣武門外玉虛觀街

明玉虛觀碑

額題"勅賜玉虛觀",李錦撰,趙昂書,姚旺篆額,成化十六年(西元一四八〇)八月立。

明玉虛觀重建記

額題"玉虛觀重建記",胡濙撰,吳謙書。篆額人名及年月磨滅,以記文考之,當在正統年間(西元一四三六——一四四九)。

玉清觀崇文門外玉清觀街

清玉清觀碑側二條

雍正五年(西元一七二七)六月。

清雲集觀碑記

額題"萬古流芳",木庵還道人書并題,乾隆七年(西元一七四二)五月。碑陰刻葉道人塔園偈。

清玉清觀信牌一道

道光二十八年(西元一八四八)十月,京畿道給,至同治四年

---

❶ 當為"克"。——編者註

（西元一八六五）道士孟至才勒於石。

白衣菴崇文門外中頭條

清重修白衣送子觀音殿起血盆會碑記

額題"萬古流芳"，康熙三十八年（西元一六九九）九月。

白衣菴宣武門外玉虛觀街

白衣菴頌并小引碑記

額題"萬古流芳"，優婆塞顯□撰，沈樹椿書，民國十二年（西元一九二三）六月。

白馬寺彰儀門內白馬寺坑

明勒❶賜白馬禪寺重修記

額題"勒賜白馬寺重修記"，撰、書及篆額人名均磨滅，弘治十四年（西元一五○一）立。

地藏菴和平門外琉璃廠西門內

清地藏菴碑記

額題"拾方碑記"，撰、書人名磨滅，康熙八年（西元一六六九）。

地藏寺崇文門外地藏寺街

明勅賜地藏禪寺重修碑記

屈□撰，徐恭書並篆額，正德十六年（西元一五二一）三月立。石碑側詩刻二首，一署白鹿山人，嘉靖丙戌❷歲（西元一五二六）秋題。

---

❶ "勒"及下文當為"勅"。——編者註
❷ "丙戌"當為"丙戌"。——編者註

地藏菴_{宣武門外延旺廟街}

清重修地藏菴記

額題"佛光普照"，碑陰額"地藏菴碑"，章守勳、宋鴻琦仝立，嘉慶五年（西元一八〇〇）四月。

伏魔寺_{宣武門外上斜街二廟}

清重修針祖劉仙翁廟記

額題"針祖廟記"，李□□❶撰，康熙五十一年（西元一七一二）九月立。

清續修針祖劉仙翁廟碑記

額題"針祖碑記"，劉柏齡撰并書，乾隆四十四年（西元一七七九）九月立。

伏魔寺_{宣武門外丞相胡同}

清重修關聖帝君廟記

額題"重修關帝廟碑"，劉秉恬撰，平恕書，嘉慶三年（西元一七九八）四月立，又後記，額題"萬古流芳"。

安化寺_{廣渠門內安化寺街}

安化寺檀越芳名碑

額題"檀越芳名"。

吉祥菴_{左安門內吉祥菴胡同}

吉祥菴殘碑

---

❶　當為"李如璐"。——編者註

呂祖祠 和平門外琉璃廠

清呂祖祠碑

額題"萬善同歸",道光三十年(西元一八五〇)十月。

清重建呂祖祠記

孟至才撰并篆額,蔣乃勳書,同治六年(西元一八六七)九月。

宏濟寺 正陽門外刷子市狗尾巴胡同

清正陽疏渠記

額題"御製",乾隆五十六年(西元一七九一)六月御筆,大字書兩石,一面漢文,一面滿文。

佑聖菴 永定門內大街

明佑聖菴碑記

額題"佑聖菴記",曹爾禎篆額,撰、書人名磨滅,萬曆三十二年(西元一六〇四)二月立。

明佑聖菴祀田記

額題"佑聖菴記",萬曆四十五年(西元一六一七)四月立。

法源寺 彰儀門內西磚胡同

北齊白石造像

武平元年(卽陳太建二年,西元五七〇)二月,賈姓十六人敬造。

唐比丘尼毛藏妹嚴行造像

永徽元年(西元六五〇)造。

唐憫忠寺寶塔頌

張不矜撰,蘇靈芝書,至德二載(西元七五七)十一月。

唐重藏舍利記

沙門南叙述，僧知常書，僧守因鎪，景福元年（西元八九二）十二月。

遼薦福大師尊勝陀羅尼幢

劉贊撰，王進思書，應歷七年（西元九五七）六月。

遼佛頂心觀世音陀羅尼幢

《金石考》云，重熙十二年（西元一〇四四）。

遼憫忠寺觀音菩薩地宮舍利函記

沙門善製撰，義中書，太安十年（西元一〇九四）閏四月。

遼舍利石函題名

嚴甫書，王惟約刻，首題“大遼燕京大憫忠寺紫褐師德大衆”等，無年月，擬與前記同時（西元一〇九四）。

遼李公女陀羅尼幢

翁方綱記云，乾隆癸丑移置法源寺，疑為遼金時物。

金禮部令史題名記

党懷英撰，大定十八年（西元一一七八）八月立。

明重建崇福禪寺碑記

額題“勅賜崇福禪寺碑記”，陳贊撰，朱孔易書并篆額。碑陰刊金剛經偈四句及題名，正統七年（西元一四四二）十月。

明頒賜大藏經典勅諭碑

額題“勅諭”二字，正統十年（西元一四四五）四月立。碑陰額“勅賜崇福禪寺之碑”，蕭鎡撰，程南雲書。

明日晷款識

弘治十七年（西元一五〇四）建。

明重修崇福禪寺碑記

額題"重修崇福寺碑",方從哲撰,張邦紀書,張大續篆額,萬曆三十四年(西元一六〇六)二月立。

明重修憫忠寺碑記

額題"勅賜崇福禪寺碑記",郭九圍撰,侯奉職書,周縣歷篆額,崇禎十四年(西元一六四一)二月立。

清耿焞造雲牌

順治十七年(西元一六六〇)三月鑄造。

清御製法源寺碑文

額題"御製",勵宗萬書,雍正十二年(西元一七三四)十月立。

清乾隆御書心經

額題"御書",繪大士像,乾隆九年(西元一七四四)九月御筆。

清龍王菩薩靈井記

張曾敞撰,徐良書,乾隆三十七年(西元一七七二)二月。

清法源寺瞻禮詩

乾隆四十五年(西元一七八〇)正月御筆,係御書心經碑陰。

清關聖帝君覺世真經

陳萬青識,袁治鐫,乾隆五十九年(西元一七九四)秋刊。

清張問陶繪西方接引佛讚

石蘊玉撰并書,湯香國鐫,嘉慶十年(西元一八〇五)三月刻石。

清翁方綱摹刻唐雲麾將軍殘碑

凡五石,計存三百四十七字,嘉慶十年(西元一八〇五),翁方綱手摹，胡遜校勒。

清法源八詠

凡四石，嘉慶十一年（西元一八六一）春，蘇齋摹勒，支雲從鐫。

清蔣策摹勒唐故雲麾將軍李公碑

道光七年（西元一八二七），蔣策、朱為弼、陳萬璋等搜輯摹勒得成全文，額題“唐故雲麾將軍李公碑”，李邕撰書，郭卓然摸勒幷題額，天寶元載正月，附蔣等記文及英和跋。

清刻呂新吾身家盛衰循環圖

袁葆恆書，徐澤醇識，咸豐元年（西元一八五一）十一月。

清刻馮恭定公善利之圖

賀壽慈書，咸豐二年（西元一八五二）八月。

清靜涵禪師自題虛心圖手卷

石凡十五，渠汀道人自題，幷肅親王等二十四人題詠，馮殿魁雙鈎，光緒七年（西元一八八一）三月。

清徐文穆公詩

徐琪刻其先文穆公遺墨於雲麾碑碑陰，額題“祖徽佛應”，馬積生篆，徐琪跋記，幷書祝靜涵禪師聯語，附刊俞樾次韻詩，光緒十七年（西元一八九一）九月。

清錢塘皈依女弟子鄭蘭孫禮佛發願文

前書大悲咒幷繪大士像，鄭氏子徐琪刻於光緒十七年（西元一八九一）九月。

清徐陶璋書贈行實和尚詩

徐琪刻於光緒十七年（西元一八九一）九月。

吳道子畫大士像

光緒三十二年（西元一九〇六）九月，徐琪置石。

清刻呂新吾理欲生長極至圖說

張之萬書，徐澤醇識，崇綺補圖。

法源寺造像

法藏寺_{崇文門外法塔寺街}

明勅賜法藏寺記

額題"法藏禪寺"，胡濙撰，金濂書，陳鎰篆額，年號磨滅，以記文考之，當為景泰二年（西元一四五一）三月立。

明無量諸佛佛燈寶塔記

景泰六年（西元一四五五）四月立。

法塔寺殘碑

法華寺_{崇文門外法華寺街}

明法華寺記

張俊撰並書，篆弘治十七年（西元一五〇四）閏四月立。

清閱谷老人重興法華寺碑記

額題"法華禪林碑記"，袁佑撰，憑昺書，康熙三十三年（西元一六九四）四月立。

清塔銘道行碑

額文皆殘，缺康熙五十二年（西元一七一三）四月立。

法林寺_{宣武門外三廟}

明勅賜法林禪寺新建記

額題"勅賜法林禪寺新建碑"，呂原撰，陸瑜書，金湜篆額，天順三年（西元一四五九）四月。

松筠菴 宣武門外達智橋

清楊忠愍公塑像記事

胡季堂撰，劉墉書，嘉慶二年（西元一七九七）八月立石。

清楊忠愍公故宅記

曹學閔撰，陳希祖書，嘉慶十四年（西元一八〇九）十月立石，附秦瀛題詩、張曾敳記文。

清刻楊忠愍公臨米元章漢十八候銘

附王文治等題跋五則、李宗昉紀事一則，道光二十一年（西元一八四一）刻石。

清刻楊忠愍公手書聯語

意與前銘同時刻，姑次錄之。

清刻楊忠愍公諫草

凡十二幅，附宋犖、錢陳羣、李光庭、僧明基等題跋，道光二十七年（西元一八四七），張受之刻。

清張受之布衣小像及傳略

吳儁寫像，陳介祺題傳略，何紹基撰并書，道光二十八年（西元一八四八）九月。

清科道公捐松筠菴祀典記

附規條，道光二十七年（西元一八四七）八月立石。

清彭玉麐梅花刻石兩方及集句詩

同治十一年（西元一八七二）冬月。

清摹刻楊忠愍公手書遺囑

李鴻藻鈎摹并識，光緒十三年（西元一八八七）九月。

清重修松筠菴景賢堂記

張之萬撰，胡景桂書，光緒二十一年（西元一八九五）立石，又一石題名。

清松筠菴條規

宣統二年（西元一九一〇）五月。

松栢菴右安門內猪營

清安蘇義園碑

額題"安土敦仁"，王堃撰并書，同治九年（西元一八七〇）八月。

清新建京師安蘇義園記

石鏡瀟撰，李鍾豫書，光緒二十年（西元一八九四）十一月。

長椿寺彰儀門內下斜街

明勅建大祚長椿寺賜紫衣水齋禪師傳

額題"祖遺碩德"，米萬鍾撰並書，萬曆四十六年（西元一六一八）立秋日。

清重修長椿寺碑記

額題"重修碑記"，宋德□撰，沈荃書，徐元文篆額，康熙二十一年（西元一六八二）八月立。碑陰額"萬古流芳"，題名。

清般若波羅密多心經

祁雋藻書並記，道光二十年（西元一八四〇）五月。

清小秀墅詩

顧嗣立自題七絕四圖，屬和詩凡三十人，祁雋藻補題小秀墅橫題，張穆書並記，道光二十八年（西元一八四八）十月。

清重刻宋史浩書霜天帖

附許乃普記並書，咸豐五年（西元一八五五）九月。

拈花寺<small>附萬柳堂，左安門內</small>

清御書樓匾

康熙五十年（西元一七一一）四月。

清康熙御書賦詩十二首

石文桂彙刻，貯石壁間幷記。

清簡廉堂匾幷聯語一對

清拈花寺碑文

額題"拈花寺碑文"，顯親王撰幷書，雍正□年（西元一七二三——一七三五）九月立。

清元萬柳堂匾額

阮元留題"戊戌"。按此戊戌卽道光十八年（西元一八三八），阮公於是年予告囘籍。

延壽寺<small>正陽門外佘家胡同</small>

清靠天吃飯說及畫像

上刻天祖像，下錄警世歌，道光十三年（西元一八三三）七月。

延壽寺造像四種

反文天地牌

協資廟<small>正陽門外協資廟街</small>

清重修七聖廟碑文

額題"為善最樂"，姬永年撰，楊世澄書，乾隆三十九年（西元一七七四）十一月立。

明因寺<small>崇文門外明因寺街</small>

明勅建護國明因禪寺碑記

額題"勅賜修建護國明因禪寺碑記"，王祖嫡撰，潘雲龍書，徐文禪篆額，萬曆十七年（西元一五八九）□秋。

明釋迦如來成道記

董其昌書並識，天啟四年（西元一六二四）十一月。

大都明因寺□生碑

額題"欽命賜紫宗師雲岸行實碑銘"。

保安寺宣武門外保安寺街

明保安禪寺碑記

額題"重修保安禪寺碑記"，郭秉聰撰，談相書，王槐篆額，嘉靖二十六年（西元一五四七）十月立。

清重修保安寺天王殿碑

額題"十方梵刹"，王澤弘撰，康熙三十五年（西元一六九六）八月立。

清保安寺重修大殿改造佛像記

額題"重修大殿碑記"，僧通理撰，乾隆三十五年（西元一七七〇）八月。

臥佛寺正陽門外石頭胡同

清重修廣渠門內臥佛寺記

撰書人名磨滅，乾隆三十一年（西元一七六六）八月立。

皈子廟正陽門外皈子廟

清重建文昌祠記

額題"重建文昌祠碑記"，楊士驤撰，馮恩崐書，崔師范篆額，光緒二十四年（西元一八九八）十月立。

城隍廟_{宣武門外城隍廟街}

清拂塵聖會碑記

額題"拂塵聖會"，順治六年（西元一六四九）三月。

清東嶽廟襌塵碑記

額題"襌塵聖會"，順治十六年（西元一六五九）八月立。襌塵應係撢塵之訛，碑文亦不成句，或廟中人湊集他碑為之。

清重修東嶽廟碑記

額題"重修東嶽廟碑"，年月磨滅，證之乾隆四十二年重修碑文，有"順治年間歷經重修"之句，則此碑當在順治年立（西元一六四四———一六六一）。末有編修劉澤芳名，碑記之文或卽其人所撰書也。

清重修南橫街東嶽廟碑文

額題"諸神聖會"，曹學閔撰並書，乾隆四十二年（西元一七七七）八月。

清彰癉十敬牌老會碑記

額題"永垂不朽"，撰、書人名磨滅，乾隆五十七年（西元一七九二）五月。

清都城隍廟碑

額題"萬古流芳"，徐世榮書，邵玉清書❶，乾隆五十九年（西元一七九四）五月。

清各省城隍白紙簿籍老會碑

額題"萬古流芳"。

---

❶ 據上文看，兩個"書"一為誤。——編者註

清兵部引虞普善清茶聖會碑

額題"萬古流芳"。

梨園誠修喜神殿碑

石世五撰並書,梨園同人於戊辰七月立。碑陰題名。戊辰卽民國十七年(西元一九二八)。

般若波羅蜜多心經幢記

殘缺。

哪吒廟右安門內黑龍潭

清緣行恭逢聖會碑記

額題"恭慶聖會",徐楡九撰並書,乾隆四十年(西元一七七五)四月。

清緣行公議條規碑

額題"緣行碑記",嘉慶二十三年(西元一八一八)七月。

清緣行重修祖師廟碑記

額題"緣行公議",王傳薪撰,畢棠書,咸豐十年(西元一八六〇)四月立。

清緣行聖會碑記

額題"萬古流芳",趙登譜撰,光緒十九年(西元一八九三)九月。

緣帶行恭慶聖會碑記

額題"永垂千古",民國十七年(西元一九二八)四月。

袁督師廟左安門內東火橋

袁督師像

張伯楨題,旁鐫袁督師自書,聯語。

袁督師遺詩

張伯楨纂，宋伯魯書。

袁督師廟記

康有為撰幷書，民國丁巳（西元一九一七）九月。

袁督師廟碑記

王樹枬撰，宋伯魯書，民國丁巳（西元一九一七）八月。

佘義士墓誌銘

張伯楨撰，宋伯魯書，民國丁巳（西元一九一七）五月。

都土地祠 和平門外虎坊橋

明正陽門宣課司幷分司公廨四至碑陰

額題“碑陰四至”，弘治□□年（西元一四八八——一五〇五）。

清都土地祠碑記

額題“萬古流芳”，黃錫祺於同治十二年（西元一八七三）二月立石。

清重修成善水局碑記

額題“肅觀厥成”，碑陰額“與人為善”，張國恒撰，黃子鎏書，光緒十五年（西元一八八九）八月。

晉太高廟 宣武門外南堂子胡同

清重建晉太平高廟碑記

額題“永敦桑梓”，樊士鑑撰幷書，乾隆五十七年（西元一七九二）十月立石。

清重修高廟碑記

額題“永垂不朽”，戴第業撰，鄧振民書，乾隆三十五年（西元一七七〇）八月。

清山西太平縣會館碑記

額題"永垂不朽"，榮五甫撰并書，乾隆三十年（西元一七六五）二月立。

清晉太高廟重修新建碑記

額題"昭茲來許"，甘岳撰并書，嘉慶二十三年（西元一八一八）五月立。

清重修晉太高廟記

額題"梓誼同敦"，柳長庚撰并書，同治十二年（西元一八七三）八月立石。

財神廟正陽門外曉市大街

清浙江慈溪會館碑

額題"萬古流芳"，乾隆三十七年（西元一七七二）正月。

清浙慈館碑記

額題"萬古流芳"，乾隆三十七年（西元一七七二）。

清重修財神廟碑記

額題"萬古流芳"，道光二十九年（西元一八四九）三月。

清萬古流芳小碑

道光六年（西元一八二六）。

清重修財神廟碑記

額題"萬古流芳"，同治八年（西元一八六九）。

清浙慈成衣行重修三皇祖師殿碑

額題"萬古流芳"，光緒三十一年（西元一九〇五）冬月立。

馬神廟_{廣渠門內馬神廟街}

清雷祖勝會碑

額題"雷祖勝會"嘉慶五年（西元一八〇〇）三月立。碑陰額"萬古流芳"。

清重修馬神廟碑

額題"永垂不朽"，閻冀田撰幷書，道光七年（西元一八二七）七月立。碑陰額"萬古流芳"。

清糖耕行規碑

額題"萬古流芳"，道光二十八年（西元一八四八）六月，王玉崑立。

清重修馬神廟雷祖殿碑

額題"萬善同歸"，同治元年（西元一八六二）秋前立。

眞武廟_{右安門內櫻桃園}

明太常寺丞單公塋地表

額題"太常寺丞單公塋地表"，邢一鳳撰，沈坤書，潘晟篆額，嘉靖二十一年（西元一五四二）三月。

明封祭官樂官敕文碑六通

額均題"奉天敕命"，嘉靖年（西元一五二二——一五六六）五通，萬曆年（西元一五七三——一六一九）一通。

眞武廟_{崇文門外東曉市}

陳大方丈毓坤德頌碑

額題"流芳千古"，孫明遠撰，民國三年（西元一九一四）三月立。

護法大師李崇祥德頌碑

額題"萬古流芳",民國三年(西元一九一四)春月。

清泰寺廣安門大街

清慈仁寺東廊三門重建佛殿記言

張維德書,康熙五年(西元一六六六)比丘普登重建。

清胡煦墓誌

彭啟豐撰,王杰書,董誥篆額,石陰彭元瑞撰跋,事皆在乾隆年(西元一七三六——一七九五)。

清清泰寺碑記

額題"萬古流芳",沙門性寶立,昱明書,光緒三十二年(西元一九〇六)五月。

清化寺崇文門外清化寺街

明勅賜清化寺鼎建寺宇碑

額題"勅賜清化寺記",宋拯撰并書,正統九年(西元一四四四)閏七月立。

祖師廟彰儀門內白紙坊

清創立公會義地碑記

額題"萬古流芳",孟甡康撰,劉秉惲書,乾隆五十四年(西元一七八九)六月立。

清重修古林院大殿戲樓碑記

額題"垂芳千古",胡季堂撰,吳省欽書并篆額,乾隆六十年(西元一七九五)六月。

清重修戲臺刻石

額題"因果不昧",無年月。

崇效寺_{右安門內陳家胡同}

唐故監察御史王仲堪墓誌銘

王叔平撰，貞元十三年（西元七九七）二月。清道光十七年（西元一八三七），徐松得之移置崇效寺并撰記文，吳□光書。

明重修崇效寺併上人了空行實碑記

額題"勅賜崇效寺重修併上人了空行實碑記"，夏子開撰，王鶴書，嘉靖四十二年（西元一五六三）八月立石。

明勅賜崇效寺小碑

額題"萬善同歸"，隆慶五年（西元一五七一）三月。

明崇效寺更建藏經閣

額同碑名，區大相撰，張□書❶，萬曆二十一年（西元一五九三）十月立。

清崇效禪寺復興十方常住碑記

額題"重整規模"，和尚德璽撰，行璧書，雍正元年（西元一七二三）正月勒石。

清西來閣下丁香樹記

翁方綱記并書，嘉慶二十一年（西元一八一六）四月。附吳嵩梁題詩，顧蒓書，道光三年（西元一八二三）五月。

寂照寺_{崇文門外夕照寺街}

清汪代門募金檢埋遺骸碑記

僧成紹撰并書，乾隆二十四年（西元一七五九）九月立。

---

❶　書者為"張更化"。——編者註

通法寺_{通法寺街}

明通法寺碑

額題"祖興道隆永遠福慶",成化六年(西元一四七〇)二月。

慈悲菴_{右安門內陶然亭}

遼故慈智大德佛頂尊聖大悲陀羅尼幢

比丘德麟書,沙門文保等記,壽昌五年(西元一〇九九)四月。

金佛像陀羅尼

佛像五,梵文陀羅尼三,末署天會九年(西元一一三一),月日磨滅。又刻康熙六年(西元一六六七)八月,題名。

明勑封安人朱母盧氏墓誌銘

張文憲撰,郭秉聰書,紀鳳鳴篆,嘉靖四十年(西元一五六一)十月。

明蘭亭硯石

三橋文彭跋。文三橋為明末人。

清梨園館碑記

額題"萬古流方",閔源棟撰,雍正十年(西元一七三二)八月。

清重修黑窰廠觀音菴碑記

額題"洪慈永祐",田種玉撰,康熙二年(西元一六六三)正月立。

清陶然亭記

江皋撰,康熙四十六年(西元一七〇七)八月。又陶然吟一首,江藻作。末附江繁跋。

清重修黑窰廠慈悲院碑記

額題"垂聲岡極",步青雲撰幷書,光緒二十三年(西元一八九七）二月立。碑陰額"流芳千古"，吳海撰記并書。

　　醉郭先生墓碑

　　林紓撰，祝椿年書，彭翼仲題"醉郭之墓"，民國三年（西元一九一四）三月。

　　香冢

　　正題"香冢"，陰題詞。

　　嬰武冢

　　正題"嬰武冢"，橋東居士撰銘。

善果寺彰儀門內善果寺街

　　遼佛頂尊勝陀羅尼幢記

　　會同九年（西元九四五）。

　　遼佛頂尊勝陀羅尼幢記

　　《順天府志》云：太原王公修石幢記，引《舊聞考》云，保甯元年（西元九六九）九月泐。

　　明善果寺成全碑

　　額題"勅賜善果寺成全碑"，天順八年（西元一四六四）二月。此年月係按"成化十九年重興碑"填注。

　　明善果寺記

　　額題"勅賜善果寺記"，成化三年（西元一四六七）四月立石。

　　明善果寺碑

　　額題"勅賜善果寺碑"，嚴安理撰，孫天濟書，陳溫篆額，成化三年（西元一四六七）四月立石。

　　明善果寺重興碑

　　額題"勅賜善果寺重興碑"，周洪謨撰，萬祺書並篆額，成化十九年（西元一四八三）。

明善果寺碑記

額題"重修善果寺記"，張天瑞撰，書、篆人名磨滅，正德三年（西元一五〇八）正月。

明善果寺碑記

額題"重修善果寺記"，李紳撰，侯觀書並篆額，正德三年（西元一五〇八）九月。碑陰，刻永遠十方院立願小記。

明內官監趙公墓表

額題"趙公墓表"，張文憲撰，吳祖乾書，靖淇篆額，嘉靖三十九年（西元一五六〇）八月立。

明張公長生碑記

額題"張公長生碑記"，何宗彥撰，侯慶遠書並篆額，萬曆三十八年（西元一六一〇）四月。

清善果寺重建碑記

額題"重建碑記"，馮溥撰，王澤弘篆額，康熙十年（西元一六七二）九月。

清重修善果寺碑記序

額題"重修碑記"，盧知命撰，弘景書，乾隆二十年（西元一七五五）四月。

清重修善果寺後記

李仙根撰，羅為賡書，康熙二十二年（西元一六八三）四月。此記與十一年九月重建碑記同刻一碑，有僧超宗跋。

報國寺 彰儀門內報國寺街

唐開成古井闌

開成□年（西元八三六——八四〇）五月建。

唐崑山縣令孫公墓誌銘

孫奭撰，孫阿阤書，咸通七年（西元八六六）四月。

遼佛頂尊勝陀羅尼幢

《金石考》云，乾統三年（西元一一○三年）立。

明大慈仁寺碑

額題"御製大慈仁寺碑"，成化二年（西元一四六六）五月。

清御製昭忠寺碑文

額題"勅建"，雍正七年（西元一七二九）四月。

清御製詩

額題"御製"，乾隆二十一年（西元一七五六）十一月。

清顧亭林先生詞記

朱琦撰，王錫振書，咸豐六年（西元一八五六）十月。

清重修昭忠祠捐資銜名銀數記

額題"重修昭忠祠款目紀略"，周汝桐書，光緒三十四年（西元一九○八）十月。

清重修昭忠祠記

額題"重修昭忠詞❶碑"，鹿傳霖撰，曹鴻勛書，徐坊篆額，光緒三十四年（西元一九○八）十月建。

重建顧亭林先生祠記

徐世昌撰並書，民國十年（西元一九二一）。

清滿文碑

---

❶ "詞"當為"祠"。——編者註

張相公廟宣武門外張相公廟街

清重修文昌閣並關帝張靖江王及諸神碑記

額題"重修廟記"，周之麟撰，康熙二十二年（西元一六八三）十月立。

隆安寺廣渠門內隆安寺街

清重建隆安寺碑文

袁橋撰并書，康熙四十七年（西元一七〇八）正月，劉兆麒建立。

清重修隆安寺碑文

額題"萬古流芳"，咸豐八年（西元一八五八）十二月，僧建成立。

隆慶寺廣安門大街

清文昌梓潼帝君陰騭文

杜天鏗書，□□四十一年壬午二月。按壬午歲卽康熙四十一年（西元一七〇二）。下有畫像，賈淞禹之鼎同寫。

朝陽閣正陽門外大蓆胡同

清朝陽閣重新殿宇并施粥碑記

額題"為善最樂"，文光撰，高驤雲書，道光三十年（西元一八五〇）六月立。

雲居寺正陽門外雲居寺胡同

清諭示雲居寺住持文

巡視中城察院告示一道，同治十二年（西元一八七三）九月。

萬福寺崇文門外珠營

明重修萬福寺佛殿碑記

額題"重修萬福寺佛殿碑記"，僧净倫撰，弘治十一年（西元一四九八）秋立。

萬壽西宮右安門內萬壽西宮街

明御製敕建護國關帝廟碑記

額題"勅建護國關帝廟碑"，萬曆四十五年（西元一六一七）七月立。

聖安寺宣武門外南橫街西口外

明旃檀瑞像

僧印空重刻，諸臣表書，秦應瑞畫，萬曆十七年（西元一五八九）八月。

明達摩祖師像

僧印空刻右附贊，李言恭書，萬曆十七年（西元一五八九）八月。

又大士像關帝像各

係前二像之碑陰。

圓通寺宣武門外裘家街

清重修圓通寺碑記

額題"永垂不朽"，許其光撰，王應孚書，咸豐八年（西元一八五八）十二月立。

雷音寺正陽門外北盧草園

清重修九天雷祖殿碑記

額題"重修九天雷祖殿碑記"，惟只此篆額，文則為般若波羅密多心經，乾隆二十二年（西元一七五七）二月，汪由敦書。碑似埋斷，每行下約少數字。

精忠廟<small>正陽門外精忠廟街</small>

明忠武岳鄂王訓詞

郭振明書，崇禎三年（西元一六三〇）。

清修建岳忠武鄂王寢宮碑記

額題"武穆垂恩"，康熙四十四年（西元一七〇五）二月。

清重修喜神祖師廟碑誌

額題"萬古流芳"，劉躍雲撰，乾隆五十年（西元一七八五）。

清重修喜神殿碑記

額題"萬古流芳"，綿總書，程祥翠撰，道光七年（西元一八二七）三月。

清梨園聚義廟會碑

額題"萬古流芳"，孫汝梅撰，張之萬書，光緒十三年（西元一八八七）九月立。

慈源寺<small>崇文門外東曉市</small>

清重建慈源寺眞武廟碑記

額題"萬古流芳"，雍正十二年（西元一七三四）六月。

清重修眞武大殿碑記

額題"萬古流芳"，郭泰成撰，汪琳書，道光二年（西元一八二二）十月。

廣寧觀<small>崇文門外南崗子</small>

清創建天仙宮斗母壇碑

王者臣撰，康熙十六年（西元一六七七）七月立石。

廣慧寺 彰儀門內廣慧寺街

明重修護國廣慧寺記

額題"重修碑記"，余一鵬撰幷書篆，嘉靖四十一年（西元一五六二）十月立。

明廣慧寺流芳碑記

額題"廣慧寺流芳記"，孫繪撰，唐臣書幷篆，嘉靖四十三年（西元一五六四）十月立。

廣恩寺 彰儀門內下斜街南口外

清廣恩禪寺碑記

額題"廣恩禪寺碑記"，朱琦撰，胡澐書，步際桐篆額，道光二十六年（西元一八四六）臘月。

福峰寺 正陽門外西河沿

清重修五顯神祠今新建福峰寺記

額題"萬古流芳"，僧峰林序，道光十五年（西元一八三五）六月立。

龍樹寺 右安門內龍爪槐

清重修興誠寺記

額題"重修興誠寺記"，馬燁曾撰，周維藩書，周尚質篆題，順治十年（西元一六五四）九月。

清仁壽寺碑

額題"萬古流芳"，僧瑚琮珏等撰，鄭金□書，乾隆四十八年（西元一七八三）二月。

清葆眞塔記

額題"葆眞塔記"，雷以諴撰並書，滿金城篆額，道光二十三年

（西元一八四三）。碑陰橫額"廣恩祥寺"。

清印光和尚塔碑

額題"永垂不朽"，陳光亨撰，卓標書，道光十九年（西元一八三九）十二月。碑陰橫額"臨濟正宗"。

勅岳飛書

石首缺一角，末蓋篆文方印，文係書，詔之寶。

龍泉寺右安門內

明勅賜重建龍泉禪寺碑記

額題"勅賜重建龍泉禪寺"，謝一夔撰，朱奎書，程洛□篆額成化九年（西元一四七三）五月立。

明金剛般若波羅密經

董其昌書，天啟六年（西元一六二六）十月。

清龍泉寺十方禪院碑記

額題"十方禪院碑記"，王熙撰並書，康熙四十八年（西元一七〇九）十月。

清重建龍泉禪寺碑記

額題"永垂不朽"，劉芬撰，楊紹祁書，乾隆三十五年（西元一七七〇）九月立。

清重修龍泉寺碑記

蔡永清撰，嘉慶十六年（西元一八一一）正月立。

清壽山石刻十六尊者像記

曾燠撰，程恩澤書，道光九年（西元一八二九）正月。

清般若波羅密多心經

翁方綱書，道光十年（西元一八三〇）春，葉志詵移於龍泉寺。

清重修龍泉寺記

額題"勑賜古刹龍泉禪寺"，蔣文鏞撰，趙光書，葉名琛篆額，道光二十一年（西元一八四一）八月立。

龍泉寺住持清遠禪師塔銘

葉志詵撰，李樹人書，道光二十六年（西元一八四六）四月。

清龍泉寺孤魂臺寶幢

額題"孤魂臺"，住持僧心學於光緒二十一年（西元一八九五）重立。

清龍泉寺住持心學禪師塔銘

邵章撰，延鴻書，民國十二年（西元一九二三）四月。

蟠桃宮崇文門外後河沿

清東便門內王母殿後重建三間殿碑記

額題"護國太平宮碑"，康熙元年（西元一六六二）五月立。碑陰額"萬古流芳"。

關帝廟正陽門西

明正陽門關侯廟碑

額題"漢前將軍關侯正陽門廟碑"，焦竑撰，董其昌書，王肯堂篆額，萬曆十九年（西元一五九一）冬日。

明關王廟碑記

額題"天日人心"，撰文人名磨滅，趙端庭篆額，白紹經書，萬曆三十五年（西元一六〇七）七月立石。

明正陽門關廟碑

額題"正陽門關廟碑"，魏廣微書，程開祜題，天啟元年（西元一六二一）五月立。

明關聖勅封疏記

額橫題"關聖勅封疏記"，崇禎六年（西元一六四一）五月立石。

明三界伏魔大帝本紀碑

額題"三界伏魔大帝神威遠鎭天尊本紀碑碑"，文漫漶不可辨識。碑陰額題"本紀立石因繇"，陳升撰文，陳泌等書，崇禎七年（西元一六四二）正月。

明謁午門關帝廟詩

王思任題七絶一首，米萬鍾書幷跋。

清正陽門關聖祠五古詩

上官鉉題，康熙元年（西元一六六二）十月。

清漢壽亭侯祠記

張問政立石，呂昌鐫，康熙四年（西元一六六五）。

清關帝垂訓

卓永錫書篆，沈荃記，程履新跋，康熙十三年（西元一六七四）五〇❶立石。

清正陽門關聖帝廟碑記

額題"皇圖鞏固"，沈荃撰幷書，康熙二十年（西元一六八一）。

清正陽門關聖帝君扁文

解□□立石，康熙三十四年（西元一六九五）九月。

清關聖帝君顯應戒士文

洪德元書，雍正四年（西元一七二六）。

清關聖帝君覺世經文

汪承需幷書記。年月磨滅，以記文考之，當在乾隆五十四年

---

❶ "〇"疑爲"月"。——編者註

112

（西元一七一五）。

清關帝加封威顯諭旨碑

額題“御旨”。碑陰刻內務府估工興修摺奏一道，額題“永垂千古”，道光八年（西元一八二八）正月。

關王廟碑

額題“關王廟碑”。

清關夫子畫竹二幅

首題關夫子手筆，末題後學上官鉉刊。

關帝高廟 正陽門外高廟胡同

清重修前明關帝高廟碑文

額題“天地同流”，陳廷樞撰幷書，光緒六年（西元一八八〇）八月立。

關帝聖境 崇文門外薛家灣

明修崇寧祠碑記

額題“修崇寧祠碑記”，撰、書人名及年月均磨滅。就殘文考之，有“成化丙申經始明年落成”之句，當係成化十三年（西元一四七七）所立。

關帝廟 正陽門外西河沿

清萬壽關帝廟重修碑記

圖敏撰，周元良書，乾隆五十四年（西元一七八九）五月立。

關帝廟 廣渠門內雙龍菴

清重修護法禪菴記

額題“重修碑記”，康熙四十七年（西元一七〇八）六月立。

清重修古廟所改護法禪菴碑記

字跡漫漶難辨。

關帝廟 宣武門外米市胡同

明伏魔大帝廟碑記

額題"重修勅封伏魔大帝廟碑記"，顧□□❶撰，楊秉正書，顧汝第篆額，□□乙丑年季夏立。

清關帝廟重修碑記

立額題"關帝廟重修碑記"，胡季堂撰，陳萬青書，乾隆六十年（西元一七九五）。

清重修關帝廟碑

額題"萬古流芳"，潘世恩撰并書，道光十九年（西元一八三九）八月立。碑陰額"萬善同歸"，辛師雲記并書。

關帝高廟 正陽門外高廟街

清重修高廟記

額題"萬古流芳"，平宗海撰，徐指南書，嘉慶十二年（西元一八〇七）九月立。

藥王廟 崇文門外東曉市

明藥王廟碑記

額題"藥王廟碑記"，崇禎四年（西元一六三一）四月。

明藥王廟碑

額題"療民作聖"，崇禎十一年（西元一六三八）三月立。

清勅賜藥王廟進香碑記

額殘缺，順治四年（西元一六四七）四月。

---

❶ 疑為"顧秉謙"。——編者註

清藥王廟碑

順治七年（西元一六五〇）四月。

清藥王廟碑記

額題"藥王聖會碑記"，順治七年（西元一六五〇）六月。

清藥王廟碑記

張孟球撰，前列王熙、張英銜名，康熙三十八年（西元一六九九）四月。

清藥王廟碑記

額題"重修碑記"，王掞撰，康熙五十二年（西元一七三）九月。

清香行記事碑序

額題"萬古流芳"，呂琛書，乾隆二十八年（西元一七六三）八月。

清藥王寢宮建立戲臺罩棚碑記

額題"萬古流芳"，乾隆三十年（西元一七六五）十月立。

清藥王廟東殿戲臺碑記

額題"萬古流芳"，李昌昱撰，王繼葛書，乾隆三十一年（西元一七六六）七月。

清藥王廟重修寢宮正殿罩棚戲臺碑記

額題"永垂不朽"，蕭景雲撰并書，嘉慶十一年（西元一八〇六）八月。

清藥王碑記

額題"萬古流芳"，劉鴻熙撰并書，光緒六年（西元一八八〇）。

藥王廟碑

勅建藥王廟碑記

額題"孫祖碑記"。

寶應寺 <small>彰儀門內南線閣</small>

明重修寶應寺碑記

額題"重修寶應寺碑記",顧秉謙撰,徐正學書,徐治民篆額,萬曆三十年(西元一六〇二)冬月。

明故奉御雲山王公碑記

額題"皇明"二字,楊汝泓撰,萬曆三十三年(西元一六〇五)四月立。

清旌表烈婦許氏墓碑

額題"聖旨",康熙五十四年(西元一七一五)五月立。

清增置寶應寺義田房間記

額題"功德無量",賈允升撰,陳官俊書,道光五年(西元一八二五)九月。

清重修寶應寺碑記

額題"永垂千古",潘世恩撰,牟昌裕書,未紀年月。以碑文及義田房間記考之,應與"義田房間記"同為道光五年(西元一八二五)九月立。

清重整山東登萊義園寶寺公產碑記

額題"永垂不朽",陳恒慶撰,王堉書,光緒二十九年(西元一九〇三)五月。

觀音菴 <small>正陽門東</small>

清觀音殿殘碑

額題"濟善於世",撰、書人名磨滅,順治口年(西元一六四四——一六六一）。

清重修觀音大士廟碑記

額題"芳名"，黃機撰並書，康熙十一年（西元一六七二）三月。

清般若波羅心經並觀音大士像

沈荃書，劉□摹勒，張起雲跋，康熙二十三年（西元一六八三）十二月。

清觀音大士廟碑

張照撰並書，乾隆九年（西元一七四四）元旦。

清觀音咒並大士像

劉宏智勒石，乾隆三十二年（西元一七六七）。

觀音寺正陽門外觀音寺街

清重建觀音寺旗杆碑記

額題"福綠❶善慶"，高彤瑄撰，邢維經書，孟廣模篆額，光緒二十二年（西元一八九六）五月。

退修觀音寺募緣碑記

額題"萬古流芳"，民國十年（西元一九二一）五月立。

觀音堂西便門內東角樓鐵道旁

中興觀音堂上玉輝參公之塔。

觀音禪林宣武門外大街

清重修古剎觀音禪林碑記

額橫題"萬古流芳"，僧海空建，光緒十七年（西元一八九一）三月。

---

❶ "綠"，當為"祿"之誤。——編者註

編後記

　　張江裁（1909～1968），名涵銳、仲銳，字次溪，號江裁，廣東人。我國著名史學家、方志學家、民俗學家，是清史館名譽協修張伯楨之子。曾任《丙寅雜誌》《民國日報（副刊）》《民報》編輯，著作有《北平志稿》《北平歲時志》《北平天橋志》《陶然亭小記》《燕都梨園史料》《李大釗傳》《人民首都的天橋》《江蘇通志》《清代學人年鑒》等200餘種。新中國成立後，曾在輔仁大學、北京師範大學任職。晚年將其父修建的北京龍潭湖"袁督師廟"以及在京所建私宅"張園"十三間半房屋（今北京龍潭植物園內）捐贈給國家。袁督師廟被列為北京重點文物保護單位。

　　許道齡，歷史學家，曾與吳晗就"鄭和下西洋"的性質進行學術爭論，1949年4月與北平文化界共329人聯名發表宣言，聲討南京國民黨政府盜運文物的罪行。新中國成立後曾在遼寧省博物館任職，著有《玄武之起源及其蛻變考》（載《史學集刊》第5集，1947年12月），輯《北平廟宇通檢》等。

　　1929年9月，中國國民政府在北平成立國立北平研究院，隸屬教育部，下分行政事務與研究機構兩部分。研究機構分理化、生物、人地三部，設物理、化學、鐳學（後改稱原子學）、藥物、生理、動物、植物、地質、歷史等9個研究所和測繪事務所。抗戰爆發後，物理、化學、地質、歷史等8個研究所遷至昆明，繼續開展研究。

抗戰勝利後，除生理所暫設上海外，其餘各所均遷返北平。1949 年
10 月，由中國科學院接管。

國立北平研究院史學研究會於 1930 年擬定編輯北平志，張江裁
應聘調查北平風土，專事纂修北平志，延聘人員"分區調查寺觀壇
廟祠堂並摹拓石刻，以備廟宇志及金石志之用。其間派員調查、編
輯、攝影、測繪各廟之平面圖，摹拓石刻及收集史料"。據"史學研
究會調查北平廟宇碑記報告"記載："史學研究會自十九年（1930）
三月派員開始調查工作，所拓碑碣鐘磬等（含外五區，內六區，國
子監，東獄廟，房山西域寺西山石佛寺等），截至至二十二年
（1933）一月八日共拓碑碣鐘磬一千四百三十六份"。後這批印有
"國立北平研究院傳拓章"標記的碑石拓片，隨史學研究所移至臺
灣，現存於臺灣傅斯年圖書館。《北平廟宇碑刻目錄》是此次調查的
成果之一，並由國立北平研究院 1936 年出版，本次整理即以此版本
為底本。

據《北平廟宇通檢》記載，20 世紀 30 年代的京城內外共有廟
宇 948 座。《北平廟宇碑刻目錄》收集、整理了其中 300 餘座的碑刻
基本情況，保存了當時北京宗教活動場所的一些重要信息，如各廟
宇的具體地理位置；其時間跨度大，上起南北朝，下訖民國，反應
了民眾宗教活動和信仰的歷史沿革；並具體反應了當時民眾的信仰
情況，如數量眾多的關帝廟，符合當時民眾對關帝信仰的廣泛程度，
從一定角度呈現了當時的社會風俗，對於研究北京的歷史、風俗等
都具有重要的史料價值。

需要說明的是，本次整理出版，以尊重民國出版物原貌為原則，
對原書中具有時代氣息的文字等不作修改；對原書中一些明顯的錯
訛或存疑之處以"編者註"標註；原書沒有標點，只以長度不同的

空格表示層次，本次整理進行了標點工作，以尊重現代讀者的閱讀習慣。限於出版者水準，錯漏不當之處仍在所難免，誠望讀者批評指正。

劉　江

2016 年 10 月

《民國文存》第一輯書目